自殺者を減らす！

ゲートキーパーとしての生き方

hanashiro sho
波名城 翔

新評論

まえがき

私が生まれ育ったのは、沖縄県宮古島市。とくに夏、青い空と白い砂浜、そして碧い海を求めて多くの観光客が訪れる島である。みなさんもご存じのように、春先ともなると、各局のテレビが旅行番組で度々紹介されるところである。

最近では、沖縄本島よりも紹介されるケースが増えているように感じられる。たぶん、多くの人が「離島」というフレーズに憧れをもっているからであろう。言ってみれば、デジタル社会からの「精神的な開放」なのかもしれない。

さて、私の経歴を説明すると、大学で社会福祉を学び、卒業後、社会福祉士・精神保健福祉士の資格を取得した。地元の宮古島に戻り、県立病院の精神科、地域包括支援センターでの勤務を経て、精神障がい者への支援体制について学ぶために、社会人として西南大学大学院に入学した。大学院では、障がい者施設に勤務しながら長期入院精神障がい者の地域移行について研究し、卒業後、再度宮古島に戻って県立病院の地域連携室において精神保健福祉士として勤務するという形で実践的に取り組んできた。

二〇一三年に宮古島市役所の職員（社会福祉専門職）として採用されてから四年間、障がい福祉課の基幹相談支援センターという地域の相談支援の拠点において、地域で生活する障がい者への相談支援や福祉事業所への助言や指導、予算案の作成、委託事業の管理、市の定める要綱の作成などといった業務を行っていた。

このように、私の視点は主に障がい者への福祉的支援に向けられていたが、「障がい福祉課」での勤務が二年目となったとき、当時の課長に呼ばれて次のように言われた。

「〇〇保健師が産休に入るので、自殺対策の引き継ぎをしないといけないんだけど、うちの課で専門職の正職員は三人、精神障がい分野の専門はあんたしかいないから、引き継いで担当してね」

自殺についての知識もなく、自殺予防について取り組むということをまったく想定していなかったので、正直なところ困惑した。

地方行政においては、自殺対策は保健師が担っているところが多い。その理由は、「健康課題」としての視点が大きいためであろう。近年、「福祉」の分野でも自殺予防が行われているようだが、二〇年前、学生時代に「自殺」について学ぶことはなかったように記憶している。

いずれにしろ、業務を引き継ぎ、実際に担当して思ったのは、宮古島での自殺者の多さであった。こんな平和な島で、こんなにも多くの人が命を落とされているという事実を知り、衝撃を受けてしまった。

当時（二〇一三年）の宮古島市の自殺者数は、毎年一〇人から一五人の間で推移していた。また、全国を「一〇〇」としたときの標準化死亡比（二〇〇八年から二〇一二年）は、沖縄県が「男性一二五・八、女性九四・七」、宮古島市は「男性一四二・〇、女性七七・三」と、全国および沖縄県に比べると女性は低いが、男性は高い状況にあった。

実務として自殺対策に取り組みはじめると、障がいのある人や生活困窮者、高齢者などの自殺リスクが高いことも分かり、社会福祉の分野でも対策にかかわる必要があることを改めて感じた。

また、仕事とは関係ないが、プライベートにおいて一つ気になることがあった。

兄がサーフィンをしている関係で、当時、兄のサーファー仲間と海で話す機会が多かった。日頃、サーファーは海の監視員をしているのだが、ある日、その一人が次のようなことを言った。

「夕暮れになると、一人で隅のほうに座って、ずっと海を見ている人がいる。旅行者だと思うが、心の病があるのかもしれない」

この言葉を聞いて以来、観察していると、確かに夕暮れに来て、浜辺の隅に座っている人たちをよく見かけるようになった。ただ海を見に来ているだけなのかもしれないが、インターネットなどで調べると、「心を癒しに来る」といった記述や、「自殺志願者を離島で捜索する」という記述があり、心の問題で宮古島に来島している人が多いということが分かった。

当時、現在ほど宮古島が観光地ではなかったこともあって、シーズンオフの期間を利用して「心の癒し」を求めに来る人たちにケアを行い、回復して戻ってもらうという、自然と観光と医療が連携した「メンタルリゾートアイランド計画構想」を大学院の恩師と立ち上げたことがある。

宮古島の観光需要が急激に高まったこともあってこの計画は実現には至らなかったが、私としては、島民だけなく島外から来る人々への自殺予防が必要であると感じていた。

また、離島にかぎらず社会福祉専門職の人材が不足しているという問題もあり、おこがましくも大学から離島へ人材を送り出そうと考え、大学の教員になりたいと思った。ちょうどそのころ、大学院の恩師から「そろそろ大学に戻って来ないか」と声をかけていただき、大学教員への転職を決意し、二〇一八年、長崎ウエスレヤン大学（現・鎮西学院大学）の教員となった。

ご存じのように、長崎県は島嶼《とうしょ》県ということもあり、同大学にはさまざまな離島から学生が来ていた。それだけに、意見交換をすることも多かった。また、離島における自殺について、長崎県下の市議から情報を提供いただいたこともあって、全国における離島の自殺対策の必要性を強く感じた。幸いにも、「日本学術振興会 科学研究費助成事業・若手研究」として「自殺率の高い離島の市における自殺の現状分析と自殺防止に関する研究」が採択されたこともあり、大学教員となってからは「離島の自殺対策」に関する研究を行っている。

自殺対策を調べていくなかで、さまざまな立場の人が自殺予防に携わっていることを知り、彼らがどのような想いをもって取り組んでいるのかについて詳しく調べることにした。

まずは、自殺多発地域（ハイリスク地）での活動である。厚生労働省の「自殺多発地域（ハイリスク地）支援の在り方に関する調査報告書」（抜粋）によると、三三都道府県から、一五〇か所の自殺多発地域に関する事例があるという。私はまず、自殺多発地域で自殺予防に携わっている人々の心情を調べることにした。

次に、宗教活動における自殺予防である。大学時代の同期に牧師がいるのだが、その牧師に話を聞くと、多くの電話相談があり、自殺に関する相談も受けているという。さらに調べていくと、キリスト教だけではなく仏教においても自殺予防に取り組んでいる住職がいることを知ったので、話を聞くために東京・高輪にある正山寺《しょうさんじ》まで足を運んだ。

本書において記していくのは、これらのフィールドワークに基づいて私が耳にし、調べたことである。

第1章では、我が国における自殺の動向として、自殺者の推移や構成割合、著名人の自殺について述べていきたい。続く第2章から第4章では、自殺多発地域（ハイリスク地）において自殺防止に携わっている人々の声や、日々の活動を紹介していきたい。第2章では山梨県の青木ヶ原樹海、第3章では和歌山県の三段壁、第4章では福井県の東尋坊を取り上げている。

そして、第5章と第6章では、宗教活動における自殺予防の取り組みを紹介する。キリスト教では創愛キリスト教会の宮崎聖《みやざきさとし》牧師と白浜バプテスト教会の藤藪庸一《ふじやぶよういち》牧師。仏教寺院では、「自死・自殺に向き合う僧侶の会」の代表であり、正山寺の前田宥全《まえだゆうせん》住職の宗教観と自殺予防に対する取り組みを紹介していく。

最後に「付録」として、自殺を踏み留めるための支援（ヒト・モノ・カネ）について、以下のテーマに基づいて説明していく。

❶心の相談支援機関
❷フードバンクなどの食料支援
❸社会福祉協議会の貸付制度
❹法的なトラブルや債務管理
❺生活保護などの生活困窮者支援制度

言うまでもなく本書は、「いかにして自殺を防ぐか」をテーマにしたものだが、この対策として、国、地方自治体をはじめとしてさまざまな取り組みがこれまで行われてきている。しかし、第1章で示すように自殺者は増加傾向にある。いったい何が理由なのか？　これまでの対策がまちがっていたのだろうか？――その理由はさまざまであろう。

本書が目指すところは、「自殺名所」、「駆け込み寺（教会）」とされる最前線で予防活動を行っている人々の「想い」や「活動内容」を伝え、今後の対策の一助となることである。

たかが一冊の本が「一助となるのか」、と思われることだろう。それに対する答えとして、本書で紹介する人たちが「自殺志願者」と対峙していることが挙げられる。国などが行っている「電話相談」といった「おざなり」な方法ではなく、その現場で、その空間で自殺志願者に会い、直接話を聞き、この人たちの生き方における哲学と経験知に基づいて、多くの自殺志願者を説得してきたという事実がある。予防という意味において、これに勝る方法はないと思われる。

今日というこの日にも、「自殺するしかないか……」と考えている人がいることだろう。その理由は、精神的なものかもしれないし、経済的なことかもしれない。本書で紹介する人々は、多くの「自殺志願者」と対峙してきた。それだけに、自殺に至るさまざまなケースをふまえておられる。そんな彼らの「声」をまず知っていただき、今一度、あなた自身を振り返ってほしい。

そして、国をはじめとする行政の「自殺対策」に対する取り組みも再考していただけるとうれしい。数字が示すように、改める必要があることだけはまちがいない。

「死んで花実が咲くものか」といったフレーズでは予防できない現状を一人でも多くの方に知っていただき、「お上《かみ》任せにする」のではなく、一人ひとりが周りを意識するという社会になることを願っている。まちがいなく、少し前の日本にはそういう社会があった。それを思い出していただきたい。

もくじ

自殺者を減らす！——ゲートキーパーとしての生き方

第 1 章

我が国における自殺の動向

三段壁（和歌山県）にある供養塔

世界の自殺死亡率と日本の位置

ＷＨＯ（世界保健機関　https://www.who.int/）によると、世界では年間七〇万三〇〇〇人が命を落としていると言われている。さらに、一人の自殺者に対し、二〇人の自殺未遂者がいると推測されている。ＷＨＯでは、「世界中で自殺が重大な問題であるとの認識が欠如しており、多くの社会ではこの問題を議論することもタブーとされており、また自殺予防のために何を取り組めばいいかが不明確であることから、自殺予防は十分に取り組まれていない」（厚生労働省ｅ－ヘルスネット https://www.e-healthnet.mhlw.go.jp/）として、世界自殺予防戦略（ＳＵＰＲＥ：Suicide Prevention）を掲げて活動を行っている。

ＷＨＯは、「世界の年齢標準化自殺死亡率の男女計（二〇一九年）[1]」を二〇二一年に発表しているが、それによると、二〇一九年における世界の年齢標準化自殺死亡率は、人口一〇万人当たり九・〇人であった。国によってばらつきが見られるが、公表されている数値の上位三か国を見ると、レソト王国（南アフリカ）が八七・五人でもっとも高く、次いでガイアナ共和国（南アメリカ）は四〇・九人、エスワティニ王国（南アフリカ）は四〇・五人となっていた。日本は一五・三人で、掲載されている一八三か国中四九位であった。

「世界の年齢標準化自殺死亡率の男性（二〇一九年）」（前掲資料より）というのもある。二〇一九年の男性における世界の年齢標準化自殺死亡率は、人口一〇万人当たり一二・六人であった。上位三か国を見ると、男女計と同じくレソト王国が一四六・九人ともっとも高く、次いでエスワティニ王国が七八・七人、ガイアナ共和国が六五・〇人となっており、日本は二一・八人で、一八三か国中六〇位であった。

一方、「世界の年齢標準化自殺死亡率の女性（二〇一九年）」（前掲資料より）を見ると、二〇一九年における女性の世界の年齢標準化自殺死亡率は、人口一〇万人当たり五・四人で、男性よりも低くなっている。上位三か国では、やはりレソト王国が三四・六人ともっとも高く、次いでガイアナ共和国が一七・〇人、ジンバブエ共和国（南アフリカ）が一三・五人となっている。日本は九・二人で一八三か国中三〇位と、男性に比べると上位に位置している。

次に、先進国における日本の自殺死亡率を比較して見ていきたい。二〇二三（令和五）年度の「自殺対策白書」（厚生労働省）をもとに、先進国（G７）の自殺死亡率を**表１-１**に示した。先進国の総数では、日本の自殺死亡率がもっとも高い。男女別で見ていくと、男性はアメリカに次いで二番目に高く、女性は先進諸国でもっとも高くなっている。

（１）ＷＨＯ（２０２１）Suicide worldwide in 2019 Global Health Estimates

表１－１　先進国（G7）の自殺死亡率

	総数	男	女
日本（2020）	16.4	22.6	10.5
アメリカ（2020）	14.1	22.9	5.7
フランス（2017）	12.6	19.6	6.1
ドイツ（2020）	11.1	16.9	5.4
カナダ（2019）	10.7	16.4	5.0
イギリス（2020）	8.2	12.6	3.9
イタリア（2019）	6.3	10.0	2.7

出典：厚生労働省［2023］「令和５年度自殺対策白書」をもとに筆者作成。

世界的に見ると、発展途上国のほうが高い自殺死亡率となっているが、日本も決して低いわけではない。先進国（G7）ではもっとも高い国であり、とくに女性の自殺死亡率が高い状況にある。ただ、WHOは、人口動態登録システム（自殺による死亡を登録するシステム）のない国々や、病院で提供されたサービスに関するデータ収集システム（治療を要した自殺企図を登録するシステム）がない国々では自殺関連行動に関する質の高い実用的データの入手が難しいと述べているので、データの質については限界があることに留意しなければならない。

日本の自殺者

日本の自殺者の推移とその背景

日本における自殺者の推移を**図１－１**に示した。臨床

図1－1　自殺者の推移（人口動態統計）

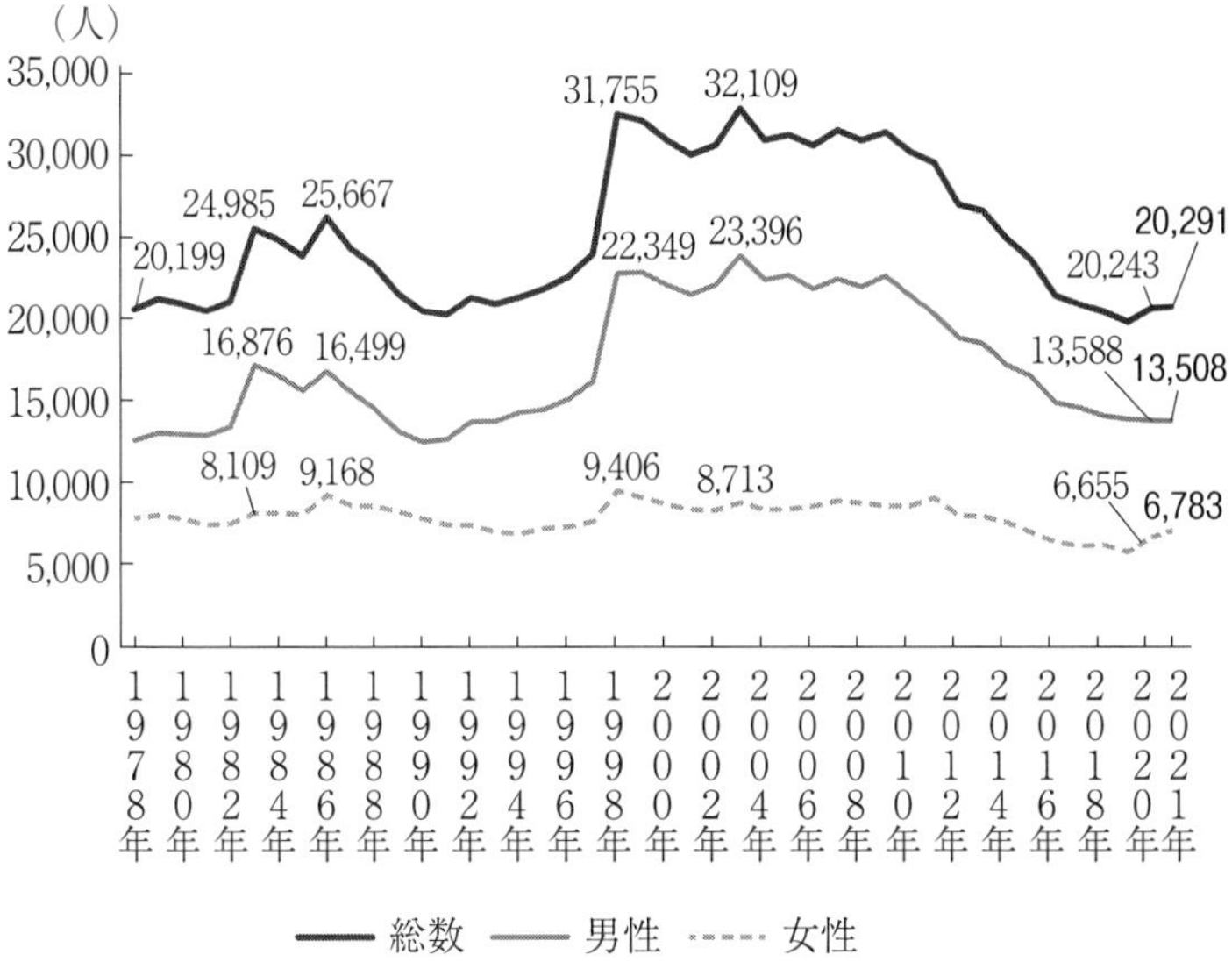

出典：厚生労働省［2023］「令和５年度自殺対策白書」をもとに筆者作成。

心理士でもある末木新（和光大学現代人間学部教授）は、著書『自殺学入門――幸せな生と死とは何か』（金剛出版、二〇二〇年）において、戦後の日本では、自殺率が高まった時期が大きく分けて三つあるとしている。

第一次自殺急増期は一九五〇年代半ばから一九六〇年代で、この時期は男女を問わず若年層の自殺が急増している。終戦（およびアメリカの影響）によって既存の価値観が大きく変わった時代であり、特定の世代が価値観の転換という大きな影響を受け、アノミー的自殺[2]が増加したことによって生じたと考えられる、と述べている。

第二次自殺急増期は一九八〇年代で、

一九八五年のプラザ合意による円高不況という経済的要因を背景として、中高年の自殺が増えた時期であると末木は述べている。一九八二年に二万六六八人であったが、一九八三年には二万四九八五人と自殺者が増えており、ピークとなる一九八六年には二万五六六七人が自殺している。

そして、第三次自殺急増期は一九九八年から二〇〇八年頃までで、バルブ崩壊後の長引く不況が背景にあると言われているが、その特徴として、「自殺者が増加している期間が長い」と述べている。確かに、一九九七年に二万三四九四人であった自殺者が、一九九八年には三万人を超え、一九九七年の数値を下回るのは二〇一五年となっている。

自殺者が増加している背景をふまえて、二〇〇〇年から「二一世紀における国民健康づくり運動（健康日本21）」において、二〇一〇年までに自殺者数を二万二〇〇〇人以下にするという目標が示されたほか、二〇〇六年には「自殺対策基本法（平成一八年法律第八十五号）」が制定された。翌年の二〇〇七年には、政府の推進すべき自殺対策の指針として「自殺総合対策大綱」が策定され（現在は第四次まで改正）、国を挙げて自殺予防に向けたさまざまな取り組みが行われている。その成果なのか、「自殺対策基本法」が制定されて以降の自殺者は、二〇〇九年までは横ばいで推移したものの、二〇一〇年以降は減少を続け、二〇一九年には一万九四二五人まで減少している。

しかし、二〇一九年に発生し、二〇二〇年には世界中に感染が広がった新型コロナウイルス感染症（COVID-19）によって、二〇二〇年の自殺者は二万二四三人と増加し、二〇二一年には二万二九一人と増加傾向にある。特筆すべきは、男性は一貫して減少しているものの、女性の自殺者が二〇二〇年以降に増加していることだ。

新型コロナによる自殺の影響について言及している論文がある。この論文では、二〇一九年と二〇二〇年の自殺者の推移が比較されており、第一回となる緊急事態宣言期間（二〇二〇年四月七日〜五月二五日）は二〇一九年の同期間よりも自殺者が減少していることを示し、社会的不安（collective anxiety）の増大によって自殺者が減少すると述べ、「社会的不安増大仮説」を提示している[3]。

また、この論文では、自殺者の増加は二〇二〇年七月以降であり、「この増加は雇用環境などの影響が寄与している可能性がある」と述べ、感染流行の蔓延化に伴い、経済状況の悪化に伴う経営危機や倒産、失職した労働者の自殺リスクの高まりが影響している、と推測している。

（2）急速な産業化による動揺が、個々人の欲求の無際限の肥大とそれによる苦痛が惹起《じゃっき》することが理由で自殺の発生を促す形態のこと。デュルケーム『自殺論』（宮島喬訳、中公文庫、二〇一八年）参照。

（3）本橋豊、木津喜雅、吉野さやか［二〇二二］「特集・自殺の現状と予防対策——COVID-19の影響も含めてWHOの自殺予防戦略」『精神医学』一〇三一〜一〇三五ページ。

年齢階級別に見た自殺死亡数とその動機

表1-2と**表1-3**は、二〇二一（令和三）年における死因順位別に見た年齢階級および性別の死亡数と構成割合を示したものである。構成割合とは、各年齢階級別の死亡数を「100」とした場合の割合である。

まず、**表1-2**（総数）から見てみよう。「10歳〜39歳」までの年齢階級における死因の第一位は「自殺」となっている。「15歳〜29歳」の各年齢階級では構成割合が五〇パーセント以上となっており、とくに「20歳〜24歳」では五八・九パーセントという高い数値となっている。また、四〇歳以上を見ても、「40〜44歳」、「45〜49歳」は第二位、「50歳〜54歳」では第三位と、死因の上位に位置している。

次は、**表1-3**で男女別の様子を見てみよう。

男性は、一〇歳〜四四歳における死因の第一位が「自殺」となっている。「20歳〜29歳」の年齢階級では五〇パーセント以上であり、とくに「20歳〜24歳」では五七・〇パーセントという高い数値となっている。ほかの年齢階級を見ると、「45〜49歳」では第二位、「50〜54歳」では第三位となっている。

一方、女性のほうは、一〇歳から三四歳の各年齢階級において死因の第一位が「自殺」となっ

表1－2　2021（令和3）年の死因順位別に見た年齢階級別の死亡数、構成割合（総数）

年齢階級	第1位			第2位			第3位		
	死因	死亡数	割合（%）	死因	死亡数	割合（%）	死因	死亡数	割合（%）
10～14歳	自殺	128	29.0	悪性新生物〈腫瘍〉	82	18.6	不慮の事故	52	11.8
15～19歳	自殺	632	52.5	不慮の事故	162	13.5	悪性新生物〈腫瘍〉	126	10.5
20～24歳	自殺	1,285	58.9	不慮の事故	239	10.9	悪性新生物〈腫瘍〉	157	7.2
25～29歳	自殺	1,241	53.4	悪性新生物〈腫瘍〉	225	9.7	不慮の事故	201	8.7
30～34歳	自殺	1,180	41.2	悪性新生物〈腫瘍〉	517	18.1	不慮の事故	197	6.9
35～39歳	自殺	1,297	30.2	悪性新生物〈腫瘍〉	946	22.0	心疾患（高血圧性を除く）	377	8.8
40～44歳	悪性新生物〈腫瘍〉	2,037	28.5	自殺	1,527	21.3	心疾患（高血圧性を除く）	757	10.6
45～49歳	悪性新生物〈腫瘍〉	4,296	31.4	自殺	1,945	14.2	心疾患（高血圧性を除く）	1,693	12.4
50～54歳	悪性新生物〈腫瘍〉	7,445	35.5	心疾患（高血圧性を除く）	2,797	13.4	自殺	1,852	8.8
55～59歳	悪性新生物〈腫瘍〉	11,365	40.9	心疾患（高血圧性を除く）	3,544	12.8	脳血管疾患	1,996	7.2
60～64歳	悪性新生物〈腫瘍〉	17,660	44.0	心疾患（高血圧性を除く）	5,122	12.8	脳血管疾患	2,645	6.6

出典：厚生労働省［2023］「令和5年版自殺対策白書」をもとに筆者作成。

表１－３　2021（令和３）年の死因順位別に見た年齢階級別の死亡数、男女別構成割合

年齢階級	性別	第１位			第２位			第３位		
		死　因	死亡数	割合(%)	死　因	死亡数	割合(%)	死　因	死亡数	割合(%)
10～14歳	男性	自　殺	60	24.6	悪性新生物〈腫瘍〉	49	20.1	不慮の事故	40	16.4
	女性	自　殺	68	34.5	悪性新生物〈腫瘍〉	33	16.8	先天奇形、変形及び染色体異常	18	9.1
15～19歳	男性	自　殺	380	50.3	不慮の事故	122	16.1	悪性新生物〈腫瘍〉	76	10.1
	女性	自　殺	252	56.3	悪性新生物〈腫瘍〉	50	11.2	不慮の事故	40	8.9
20～24歳	男性	自　殺	821	57.0	不慮の事故	189	13.1	悪性新生物〈腫瘍〉	109	7.6
	女性	自　殺	464	62.4	不慮の事故	50	6.7	悪性新生物〈腫瘍〉	48	6.5
25～29歳	男性	自　殺	828	54.2	不慮の事故	152	10.0	悪性新生物〈腫瘍〉	119	7.8
	女性	自　殺	403	51.9	悪性新生物〈腫瘍〉	106	13.3	不慮の事故	49	6.2
30～34歳	男性	自　殺	826	44.9	悪性新生物〈腫瘍〉	222	12.1	不慮の事故	156	8.5
	女性	自　殺	354	34.5	悪性新生物〈腫瘍〉	295	28.8	不慮の事故	45	4.4
35～39歳	男性	自　殺	927	33.4	悪性新生物〈腫瘍〉	395	14.2	心疾患（高血圧性を除く）	294	10.6
	女性	悪性新生物〈腫瘍〉	551	36.2	自　殺	370	24.3	心疾患（高血圧性を除く）	83	5.5
40～44歳	男性	自　殺	1,076	24.2	悪性新生物〈腫瘍〉	779	17.5	心疾患（高血圧性を除く）	587	13.2
	女性	悪性新生物〈腫瘍〉	1,258	46.4	自　殺	451	16.6	心疾患（高血圧性を除く）	170	6.3
45～49歳	男性	悪性新生物〈腫瘍〉	1,865	21.4	自　殺	1,374	15.8	心疾患（高血圧性を除く）	1,362	15.6
	女性	悪性新生物〈腫瘍〉	2,431	49.0	自　殺	571	11.5	脳血管疾患	400	8.1
50～54歳	男性	悪性新生物〈腫瘍〉	3,470	25.7	心疾患（高血圧性を除く）	2,267	16.8	自　殺	1,276	9.5
	女性	悪性新生物〈腫瘍〉	3,975	53.4	自　殺	576	7.7	脳血管疾患	559	7.5
55～59歳	男性	悪性新生物〈腫瘍〉	6,141	32.9	心疾患（高血圧性を除く）	2,941	15.8	脳血管疾患	1,425	7.6
	女性	悪性新生物〈腫瘍〉	5,224	57.2	心疾患（高血圧性を除く）	603	6.6	脳血管疾患	571	6.3
60～64歳	男性	悪性新生物〈腫瘍〉	10,834	39.1	心疾患（高血圧性を除く）	4,112	14.8	脳血管疾患	1,849	6.7
	女性	悪性新生物〈腫瘍〉	6,826	55.2	心疾患（高血圧性を除く）	1,010	8.2	脳血管疾患	796	6.4

出典：厚生労働省［2023］「令和５年版自殺対策白書」をもとに筆者作成。

ている。一五歳から二九歳では五〇パーセント以上であり、とくに高いのは「20歳～24歳」の六二・四パーセントである。ほかの年代階級を見ると、三五歳から五四歳までの各階級では第二位となっている。

このように、若い年代から中高年の年代まで、「自殺」は死因の上位に位置している。とくに中高年では、悪性新生物（腫瘍）や心疾患、脳血管疾患といった五大疾病と並んで上位となっている。また、性別では、男女ともに一五歳から二九歳という若い世代において「自殺」の割合が高くなっているが、若い世代の、女性の構成割合が男性よりも高いところに留意する必要があるかもしれない。

いったい、どのような動機で自殺したのだろうか。こちらについても、厚生労働省の「自殺対策白書」を示したい。なお、注意事項として以下の二つを挙げておく。

❶遺書などの自殺を裏付ける資料により、明らかに推定できる原因・動機を自殺者一人につき三つまで計上しているため、原因・動機特定者の「原因・動機別」の和と「原因・動機特定者数」とは一致しない。

❷原因・動機が特定できなかった数（不詳）については除く。

これらをふまえたうえで、二〇二二（令和四）年の年齢階級および原因・動機別に見た自殺者

表１－４　2022（令和４）年の年齢階級および原因・動機別に見た自殺者数（総数）

年齢＼原因	家庭	健康	経済・生活	勤務	交際	学校	その他
計	4,775	12,774	4,697	2,968	828	579	1,734
～19歳	166	222	25	45	80	354	114
20～29歳	351	947	499	517	315	219	241
30～39歳	601	1,150	673	539	177	4	185
40～49歳	906	1,838	1,049	815	147	2	250
50～59歳	976	2,196	1,232	744	82	0	282
60～69歳	586	1,828	705	226	16	0	203
70～79歳	604	2,491	380	67	7	0	218
80歳～	585	2,102	133	15	4	0	239
不詳	0	0	1	0	0	0	2

出典：厚生労働省［2023］「令和５年版自殺対策白書」をもとに筆者作成。

数を**表1-4**と**表1-5**に示した。

まず、総数（**表1-4**）を見ると、動機としては「健康問題」（一万二七七四人）がもっとも多く、次いで「家庭問題」（四七七五人）、「経済・生活問題」（四六九七人）となっている。年代別を見ると、「～19歳」以外の年齢階級では「健康問題」がもっとも多くなっているが、「～19歳」では「学校問題」が三五四人ともっとも多い。言うまでもないことだろうが、「健康問題」は年齢階級が上がるにつれて割合が増加している。

次は**表1-5**において、男女別の状況を見てみよう。

男性でもっとも多いのが「健康問題」（七三〇一人）で、次いで「経済・生活

表１－５　2022（令和４）年の年齢階級および原因・動機別に見た自殺者数（男女別）

原因／年齢	性別	家庭	健康	経済・生活	勤務	交際	学校	その他
計	男性	2,885	7,301	4,127	2,538	485	392	171
	女性	1,890	5,473	570	430	343	87	542
～19歳	男性	98	89	19	37	46	224	9
	女性	68	133	6	8	34	130	35
20～29歳	男性	221	475	428	398	163	163	20
	女性	130	472	71	119	152	56	69
30～39歳	男性	363	627	601	460	99	3	15
	女性	238	523	72	79	78	1	47
40～49歳	男性	555	1,059	929	709	99	2	35
	女性	351	779	120	106	48	0	52
50～59歳	男性	593	1,249	1,091	651	57	0	20
	女性	383	947	141	93	25	0	96
60～69歳	男性	364	1,044	640	208	13	0	16
	女性	222	784	65	18	3	0	66
70～79歳	男性	334	1,486	319	60	5	0	34
	女性	270	1,005	61	7	2	0	77
80歳～	男性	357	1,272	99	15	3	0	22
	女性	228	830	34	0	1	0	99
不詳	男性	0	0	1	0	0	0	0
	女性	0	0	0	0	0	0	1

出典：厚生労働省［2023］「令和５年版自殺対策白書」をもとに筆者作成。

問題」（四一二七人）、「家庭問題」（二八八五人）となっている。年齢階級別で見ると、「～19歳」以外の年齢階級では「健康問題」がもっとも多いが、「～19歳」では「学校問題」（一二三四人）がもっとも多くなっている。

一方、女性は、男性と同じく「健康問題」（五四七三人）がもっとも多く、次いで「家庭問題」（一八九〇人）、「経済・生活問題」（五七〇人）となっており、「家庭問題」が男性よりも上位となっている。そして「～19歳」では、やはり「学校問題」という動機の自殺が多く見られる。

同白書によると、女性の場合、「主婦」（一一六六人）が多かった点が記されている。共働きや育児がその原因となっていると思われるが、この表だけでその判断をするのは難しい。また、「学校問題」については、男性は「大学生」（三〇五人）がもっとも多かったが、女性は「大学生」（一三三人）よりも「高校生」（一四六人）が多かったと述べられている。「学校問題」という動機に関しては、男女において自殺者の層が違うわけだが、これはいったい何を意味しているのだろうか。いじめ、不登校、虐待、パワハラ、セクハラなどが考えられるだろう。

自殺の手段および場所

自殺者は、いったいどのような手段を用いているのだろうか。それを知るために、「令和四年版自殺対策白書」（厚生労働省、二〇二二年）をもとにして**図1－2**を作成した。

図1－2　手段別に見た自殺者の構成割合（2021［令和3］年）

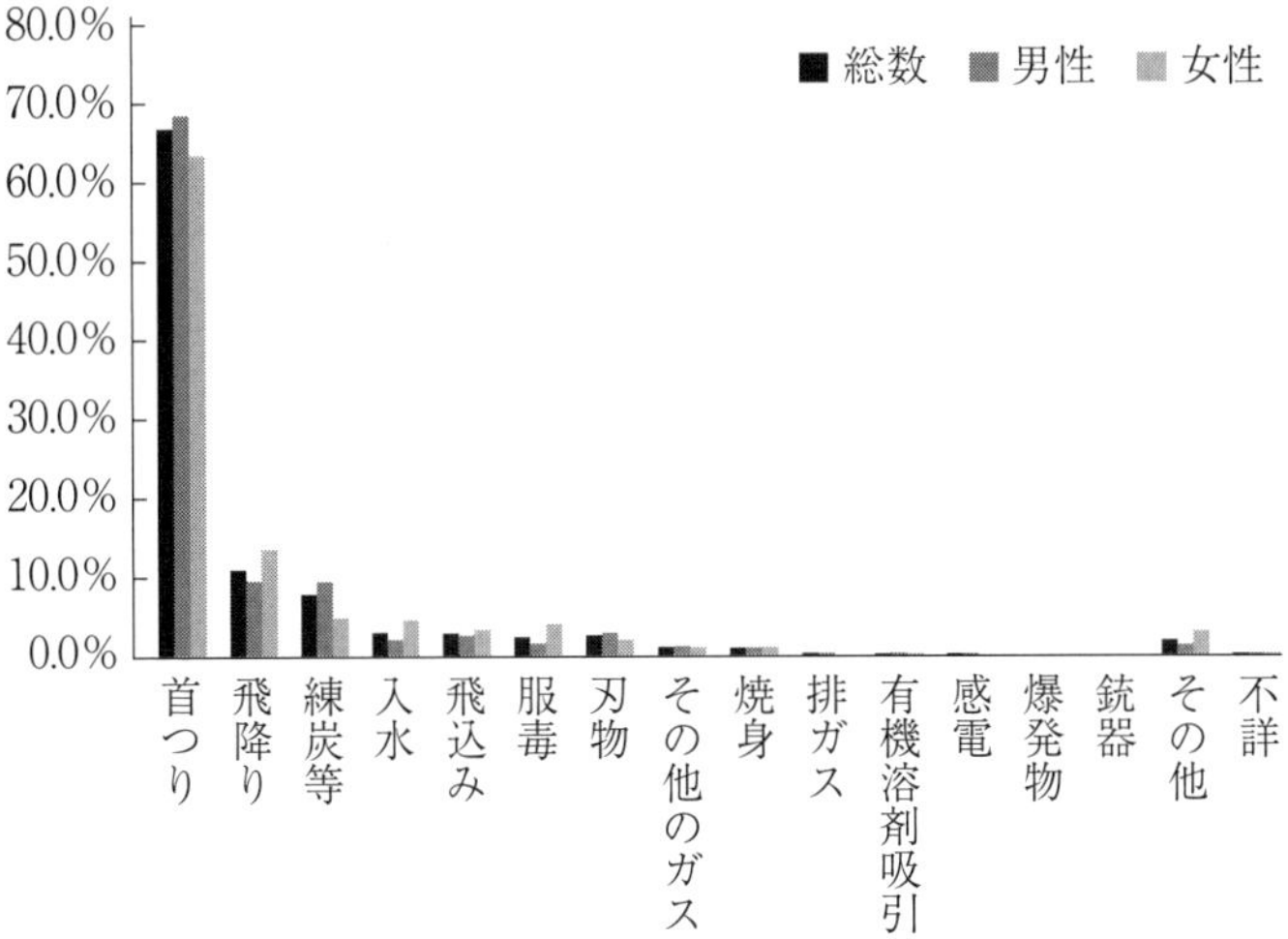

出典：厚生労働省［2022］「令和4年度自殺対策白書」をもとに筆者作成。

　ご覧のとおり、もっとも割合の高いのが「首つり」（66.6％）である。男女別を見ると、男性が「68.3％」、女性は「63.2％」と男性のほうが高い。次いで「飛降り」（10.9％）である。この場合は、男性が「9.5％」、女性は「13.5％」と女性のほうが高くなっている。

　続くのは「練炭等」（7.8％）と「入水」（2.9％）である。前者は、男性が「9.4％」、女性は「4.7％」と男性のほうが高く、後者は、男性が「2.0％」、女性は「4.5％」と女性のほうが高くなっている。

　ほかの手段を見てみると、構成割合が一・〇パーセント以上の場合、「飛込み」（総数2.8％、男性2.5％、女性3.2％）と「服毒」（総数2.3％、男性1.5％、女性3.9％）では男性より女性のほうが高く、「刃物」（総数2.5

図１－３　場所別に見た自殺者の構成割合（令和３年）

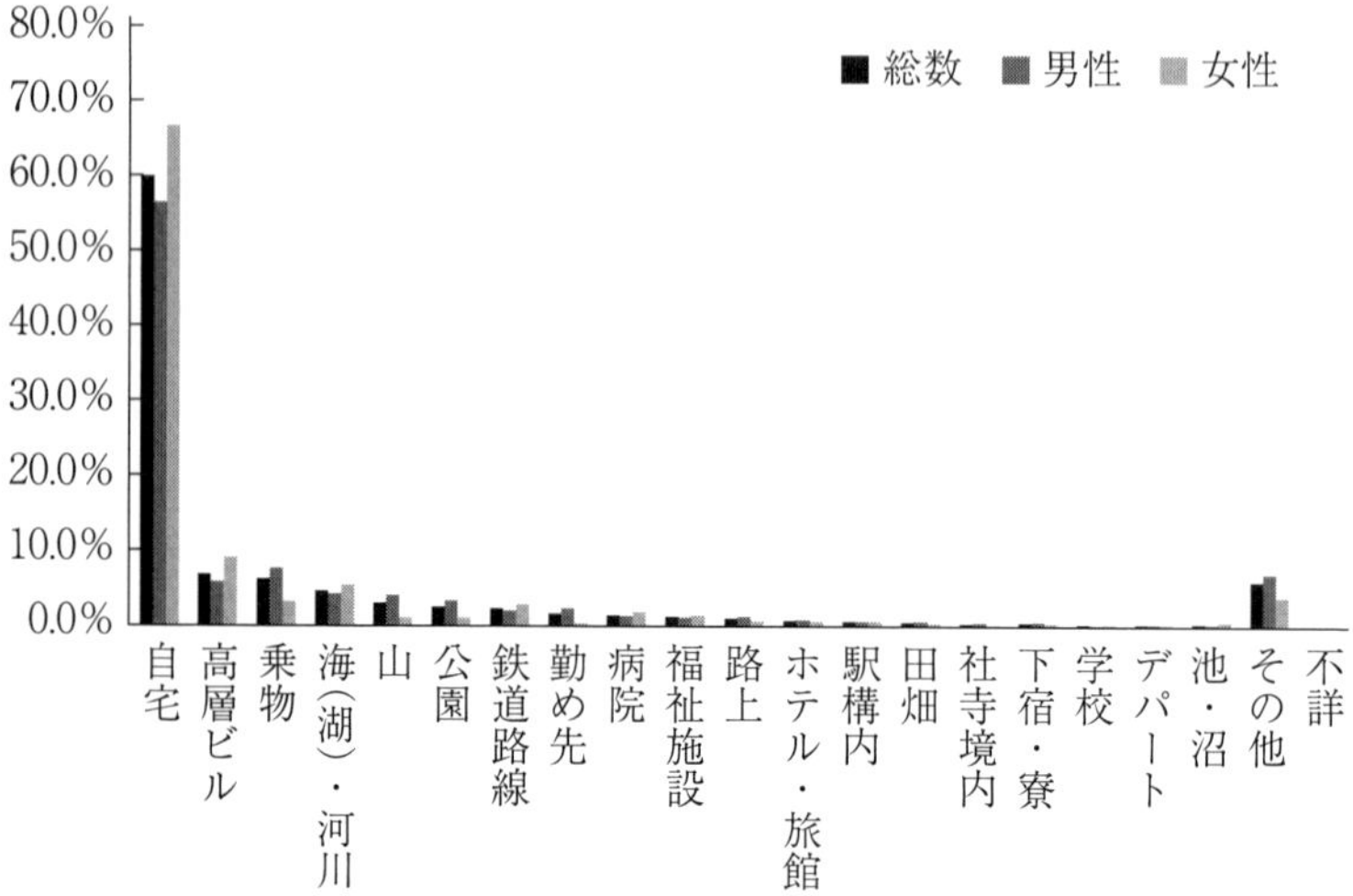

出典：厚生労働省［2022］「令和４年度自殺対策白書」をもとに筆者作成。

%、男性2.8%、女性1.9%）と「その他のガス」（総数1.0%、男性1.1%、女性1.0%）では男性のほうが高くなっている。

図1－2から、自殺手段における性別による差は見られるが、その理由を知ることはできない。

次に調べたのは、自殺場所についてである。同じく、「令和四年版自殺対策白書」をもとにして**図1－3**を作成した。

もっとも割合が高かったのが「自宅」（60.1%）であった。性別では、男性が「56.6%」、女性は「66.8%」と女性のほうが高い。次いで割合が高いのは「高層ビル」（6.9%）で、男性が「5.8%」、女性は「9.1%」と、こちらも女性のほうが高い。三番目は「乗物」（6.2%）で、男性が「7.7%」、女性は

「3.2％」と男性の割合が高い。そして、四番目となる「海（湖）・河川」（4.6％）は、男性が「4.2％」、女性は「5.4％」と女性のほうが高いが、「山」（3.0％）では、男性が「4.0％」、女性は「1.0％」と男性のほうが高くなっている。

これについても、このような差が出る理由を知ることはできないが、日頃見ているテレビドラマや読んでいる本から影響を受けているように思えてならない。筆者もよく刑事ドラマを見るが、ここに挙がっている場所は、必ずと言っていいほどドラマの一シーンを形成している。つまり、最悪の結論を下す人びとは、それらのシーンを思い出しているということかもしれない。

ちなみに、構成割合が一・〇パーセント以上の自殺場所を見ると、「公園」（総数2.5％、男性3.3％、女性1.0％）、「勤め先」（総数1.6％、男性2.3％、女性0.3％）、「路上」（総数1.0％、男性1.2％、女性0.6％）は男性のほうが高く、「鉄道路線」（総数2.3％、男性2.0％、女性2.8％）、「病院」（総数1.4％、男性1.3％、女性1.8％）、「福祉施設」（総数1.2％、男性1.1％、女性1.4％）では女性のほうが高くなっていた。

「自殺対策白書」に詳細なデータが示されているわけではないが、ここに挙げた二つの図からあるパターンの推定が可能となる。

読者のみなさんも想像されるように、「首つり」と「自宅」の割合が高いことから「自宅での首つり」がもっとも多いケースであると考えられるし、「飛降り」と「高層ビル」から「高層ビルでの自殺」、「練炭」と「乗物」から「乗物内での練炭自殺」などが浮かんでくる。

前述したように、すべてテレビドラマにおいて表現されているシーンである。それを前提にすると、「山での首つり自殺」や「海（湖）・河川での入水自殺」、そして「自宅での服毒自殺」などといったパターンなども考えられるだろう。

ここでは、「令和四年版自殺対策白書」および「令和五年版自殺対策白書」をもとに示してきたわけだが、この統計を見るには留意すべき点がある。日本には、自殺に関する統計が厚生労働省の「**人口動態統計**」と警察庁の「**自殺統計**」という二種類が存在しており、同白書では、二種類の統計について以下の違いがあると述べられている。

❶**日本における外国人の取り扱いの差異**――「自殺統計」は、日本における日本人および日本における外国人の自殺者数としているのに対し、「人口動態統計」では日本における日本人のみの自殺者数となっている。

❷**調査時点の差異**――「自殺統計」では、捜査などによって「自殺である」と判明した時点で「自殺統計原票」を作成し計上しているのに対し、「人口動態統計」では、自殺、他殺あるいは事故死のいずれかが不明なときは「原因不明の死亡等」として処理しており、後日原因が判明し

て、死亡診断書などの作成者から自殺の旨訂正報告があった場合は、遡って自殺として計上されている。

❸計上地点の差異――「自殺統計」は発見地に計上しているのに対して、「人口動態統計」では住所地に計上されている。

とくに、❷について述べたい。以前「人口動態統計」について自治体の担当部署に尋ねたことがあるが、その際、「断定はできないが、田舎では自殺かなと思われる内容であっても、医師が気を遣って自殺と記載しないようなときも見受けられる」という回答があった。

また、「自殺統計」については、川崎市の人口動態と警察統計における自殺者の差の実証的検証を行い、自殺の一部が「非自殺として記録された場合がある」と述べている研究論文(4)があり、自殺であっても「自殺」としてカウントされていないケースが考えられる。

このような事情から、どちらの統計についても正確な数字を示していない可能性がうかがえる。実際の自殺者は、統計に記されているよりも多いということであろう。

（4）　井原一成、張賢徳、山内貴史、植木美津枝、竹島正（二〇一九）『自殺予防と危機介入』39（1）、三〇〜三四ページ。「人口動態と警察における自殺者数の差を実証的に検証する――川崎市における検討」参照。

著名人の自殺とマスメディア

著名人が自殺した場合の報道は、従来から模倣自殺、群発自殺を引き起こすことが知られており、「ウェルテル効果」と言われている。ウェルテル効果とは、マスメディアの報道に影響されて自殺が増える事象のことで、アメリカの社会学者ディヴィッド・フィリップス（David P. Philips）により命名された。

なお、ウェルテルとは、ゲーテが著した『若きウェルテルの悩み』（一七七四年）に由来する。主人公のウェルテルが婚約者のいるシャルロッテにかなわぬ恋をしてしまい、絶望の末に自殺をするという内容である。この本はヨーロッパ中で広く読まれており、青年たちの間では、作中に描かれているウェルテルと同じファッションが流行したほどである。また、ウェルテルを真似て自殺する人が多数現れたとも言われている。

先に挙げた『自殺学入門――幸せな生と死とは何か』（七ページ）では、ウェルテル効果（メディアによる自殺情報の増大後の群発自殺）には三つの特徴があると述べられている。

❶年齢や属性の近い世代が影響を受ける。二〇一一年、タレントの上原美優《みゆ》（一九八七〜二〇一一

一）さんが自殺したあと、若い女性の自殺が増加したという指摘がある。
❷メディアで取り上げられた自殺者が実在の人物であると、影響力が強くなる。
❸自殺の方法が情報の受け手に影響を与える。一九八六年に自殺した歌手の岡田有希子（一九六七～一九八六）さんの自殺報道では、その現場や遺体が映し出されたこともあり、その後二週間で、約三〇人の同世代が同じ方法で「後追い自殺」をしている。

（前掲書、一六〇～一六二ページ参照）

ＷＨＯでは、自殺予防の一環として、模倣を防止するために「自殺報道ガイドライン」を二〇〇〇年から刊行している。同ガイドラインは二〇〇八年と二〇一七年に改定版が出されており、日本では「自殺対策を推進するためにメディア関係者に知ってもらいたい基礎知識」（以下、ガイドライン）として、「自殺総合対策推進センター」が二〇一九年に最新版の翻訳出版を行っている（https://www.mhlw.go.jp/content/000526937.pdf）。

このガイドラインでは、自殺関連報道として「やるべきこと」（**表1-6**）と「やってはいけないこと」（**表1-7**）が示されている。たとえば、「やるべきこと」の「どこに支援を求めるかについて正しい情報を提供すること」として、緊急電話相談サービスなどの連絡先を提供すべき、と記載されている。また、「やってはいけないこと」の「自殺の報道記事を目立つように配置し

表１－６　自殺関連報道として「やるべきこと」

・どこに支援を求めるかについて正しい情報を提供すること
・自殺と自殺対策についての正しい情報を、自殺についての迷信を拡散しないようにしながら、人々への啓発を行うこと
・日常生活のストレス要因または自殺念慮への対処法や支援を受ける方法について報道をすること
・有名人の自殺を報道する際には、特に注意すること
・自殺により遺された家族や友人にインタビューをする時は、慎重を期すること
・メディア関係者自身が、自殺による影響を受ける可能性があることを認識すること

出典：自殺総合対策推進センター［2019］「自殺対策を推進するためにメディア関係者に知ってもらいたい基礎知識（2017年最新版）」をもとに筆者作成。

表１－７　自殺関連報道として「やってはいけないこと」

・自殺の報道記事を目立つように配置しないこと。また報道を過度に繰り返さないこと
・自殺をセンセーショナルに表現する言葉、よくある普通のこととみなす言葉を使わないこと、自殺を前向きな問題解決策の一つであるかのように紹介しないこと
・自殺に用いた手段について明確に表現しないこと
・自殺が発生した現場や場所の詳細を伝えないこと
・センセーショナルな見出しを使わないこと
・写真、ビデオ映像、デジタルメディアへのリンクなどは用いないこと

出典：自殺総合対策推進センター［2019］「自殺対策を推進するためにメディア関係者に知ってもらいたい基礎知識（2017年最新版）」をもとに筆者作成。

ないこと。また報道を過度に繰り返さないこと」では、以下のような詳しい説明がなされている。

自殺の報道記事を目立つように配置しないこと。また報道を過度に繰り返さないこと

自殺に関する報道を目立つ箇所に配置したり必要以上に繰り返したりすることは、さほど目立たない発表と比べると、後の自殺関連行動に繋がる可能性が高い。自殺に関する新聞記事は、内側のページの下の方に配置するのが理想的で、表側のページや内側のページ上部には配置しないこと。自殺に関する放送についても同様に、テレビでは最新ニュースの二〜三番目に、ラジオ放送やオンライン配信ではさらに後ろの順番で発表し、本日のトップニュースとして扱わないこと。最初の報道内容を繰り返したり、新しい情報を加えたりすることに関しては注意を払わなくてはならない。（ガイドライン、六ページ）

ガイドラインではこのように記されているわけだが、著名人が自殺した場合、どのような影響があったのだろうか。二〇二一年に亡くなった著名人の影響について「令和三年版自殺対策白書」（厚生労働省、二〇二一年）を見ると、男性俳優が自殺したことが速報された七月一八日（午後三時過ぎ）の翌日と、女性俳優が自殺したことが速報された九月二七日（午前八時過ぎ）当日に自殺者数が急増したほか、両日以降、予測値を大きく上回る状況が続いた、と書かれている。

予測値と実測値との差分の合計は、年間で一五六三人の増加となり、そのうち、男性俳優の自殺報道後の二週間（七月一八日〜七月三一日）の自殺者数が二二九人（14.6％）、女性俳優の自殺報道後の二週間（九月二七日〜一〇月一〇日）で三六六人（23.4％）を占めたと報告している。

一方、早稲田大学政治経済学術院教授である瀬川至朗ゼミの学生が発行しているウェブマガジン「Wasegg」（https://wasegg.com/）では、「メディアの自殺報道は過激なのか——実際の記事から見えてくる各社の対応」と題して、三浦春馬（一九九〇〜二〇二〇）さんと竹内結子（一九八〇〜二〇二〇）さんの自殺に関する記事分析を行っている（https://wasegg.com/archives/3794）。

この調査では、主要な全国紙三紙に加え、影響力が大きいと判断したメディアの記事を検証し、WHOが発行しているガイドラインの各項目について、「〇（遵守している）」、「△（一部遵守している）」、「×（全く遵守していない）」の三段階で評価している。その結果として、多くの配慮がなされている記事がある一方で、状況を詳細に記述している記事もあったという。また、「有名人の自殺報道については最新の注意を払い、手段に関して明確に書いてはならない」という基準に抵触している記事もあったと書かれている。

そして、記事の見出しについてはほとんどの新聞社に配慮が見られず、「見出しに『自殺』といれることは読者にとってわかりやすいかもしれないが、その分凄惨な印象を与えるため、後追い自殺等への影響は大きくなる恐れがある」と述べている。

さらに、二〇二二年に亡くなったタレントの上島竜平（一九六一～二〇二二）さんに関する自殺報道について、「Wasegg」が検証した方法をテレビ番組に援用する形で分析を行った宮下牧恵（NHKメディア研究部）は、「自殺」という語を使わないという指針についてはいずれの番組も満たしており、「自殺報道ガイドラインが浸透してきている」と述べる一方で、「一つの番組のなかで、繰り返し上島さんの情報が放送されるケースが目立った」[5]と述べている。

また、第四七回日本自殺予防学会（二〇二三年九月開催）で報告された武藤杏里ら（厚生労働省・社会援護局自殺対策推進室）の分析結果によると、著名人の自殺報道後、男性の場合は性別や年齢が近い著名人であったときには、当月および次月に自殺者が過剰になる傾向があり、女性の場合は、性別、年齢階級にかかわらず、著名人の自殺報道による影響があったと考察している（「第四七回日本自殺予防学会総会プログラム抄録集」六五ページ参照）。

時は前後するが、二〇二〇年のコロナ禍における著名人の自殺について、「連鎖自殺として報じられ、ニュースコメントやツイートなどネットメディアで数百倍に拡散されたために相乗的に作用し、同年の自殺者数増加に特異的な影響を与えたと思われた」[6]と記している論文もある。

このように、著名人の自殺報道には社会的な影響力があるということである。マスメディア各社

（5）宮下牧恵「著名人の自殺はどのように報じられているか」、「放送研究と調査」73（3）、NHK放送文化研究所、二〇二三年、五四～六九ページ参照。

の、報道のあり方についてさらなる検討を期待したいところである。そんななか、二〇二三年九月九日付の「朝日新聞」（朝刊）が、タレントの自殺報道後に自殺者が増加するという分析結果が二〇二三年版の自殺対策白書に盛り込まれる、と報道していた。

タレントの自殺報道後 増える自殺

対策白書案に分析結果「取り組み必要」

タレントの自殺報道後、2～3週間にわたって自殺者数が増加した――。そうした分析結果が2023年版の自殺対策白書に盛り込まれることがわかった。白書案では、著名人の自殺報道が他の人の自殺を増やすとする「ウェルテル効果」の影響が考えられると指摘。メディアを巻き込んだ取り組みの必要性があるとしている。

分析したのは昨年5月の男性タレントの自殺をめぐる報道。検証の結果、報道後2～3週間の自殺者数が予測値よりも上ぶれした。当時、自宅前などからの中継といった一部メディアの報道に対し、厚生労働省が注意喚起していた。

ウェルテル効果は、著名人の報道後に自殺者数が増える現象の要因とされ、世界保健機関（WHO）が「自殺報道に関するガイドライン」を作成。自殺に用いた手段を明確に表現しない▽現場や場所の詳細を伝えない▽センセーショナルな見出しを使わない、などの注意点をあげている。

◆悩みの相談先

【#いのちSOS】

0120・061・338　日、月、火、金曜は24時間、その他の曜日は午前６時～翌日午前０時（９月10～16日は曜日にかかわらず24時間対応）

【いのちの電話】

0120・783・556　毎日午後４～９時（10日は午前８時～翌11日午前８時）

【生きづらびっと】

ＬＩＮＥ @yorisoi-chat

【あなたのいばしょ】

オンラインのチャット相談 https://talkme.jp/

「朝日新聞」2023年９月９日付朝刊

　二〇二三年一〇月二六日に公表された「令和五年版自殺対策白書」では、「令和四年五月の著名男性タレントの自殺報道に関する分析――ウェルテル効果を抑制するためのメディア関係者を巻き込んだ取り組みの必要性」と題したコラムが掲載されている。このコラムでは、二〇二二（令和四）年五月一一日に発生した著名男性タレントの自殺報道について分析を行った結果、「自殺発生日から約二～三週間にわたって持続的に超過自殺が発生しており、ウェルテル効果の可能性があることが示唆された」とし、「メディア関係者への報道に関する認識を高めてもらう必要がある」と述べられている。

　近年は、自殺の防止効果として「パパゲーノ効果」が注目されている。パパゲーノ効果とは、ある個人が自殺の危機を乗り越えるという希望や支援に焦点を当てたメディア報道が他者の自殺を抑制する可能性を高めるという効果のことで、現在、検証が進められている。
メディアには、自殺防止としての取り組みを期待したいところである。

追い込まれたうえに自殺……

ここまで著名人による自殺報道の影響について述べてきたわけだが、ネット上における誹謗中傷といった書き込みが理由で著名人が自殺に追い込まれるというケースもある。

リアリティショーとされるテレビ番組『テラスハウス』（フジテレビ系、二〇二〇年まで）の出演者が、SNS上での誹謗中傷を苦にして自殺に至ったとされる事件が二〇二〇年五月に起こっている。これについて、「ネット環境への依存度を強める現代社会においては、マスメディアに求められてきたメディア・メッセージへの自己規制が効かないネット上での誹謗中傷を含む書き込み、情報が若者たちを直撃している状況にある」(7)と述べている論文があった。

（6）太刀川弘和、池田雄太郎「有名人の模倣自殺とメディア」、「精神科治療学」編集委員会編「精神科治療学」36（8）二〇二一年、八七五～八七九ページ参照。
（7）音好宏「特集 自殺の現状と予防対策――COVID-19の影響も含めて 自殺とメディアの諸相――マスコミ効果研究から考える「自殺とメディア」」、「精神医学」63（7）、二〇二一年、一〇七三～一〇八一ページ参照。

本書で取り上げている論文を、読者のみなさんが目にすることはほとんどないであろう。しかし、このような形で報道のあり方にメスを入れている人たちがいることは知って欲しいし、機会があればネットで検索をして欲しい。そして、大きく報道されているニュースを頭から信じるのではなく、ご自身の判断力や行動力を高めていただきたい。そうすれば、ＳＮＳへの書き込み方や読み方が格段に進歩するはずである。

二〇二三年の秋、某大手事務所の所属タレントへの性的虐待に関するニュースが連日報道されていた。「週刊文春」(https://bunshun.jp/articles/-/61371) は、一九九九年に一四週にわたって同事務所の性加害問題と取り上げてキャンペーン報道を展開していたが、他社では取り上げられず、発行元の文藝春秋社は名誉棄損の損害賠償を提起された。

その後、同社が東京地裁で敗訴されたときにはメディアが大きく報道し、東京高裁に告訴したときには小さく報じられるのみであった。そして、二〇二三年三月、イギリスのＢＢＣが「Predator: The Secret Scandal of J-PopHome」として報道したことがきっかけとなって世界の注目が集まり、沈黙していた日本の大手メディアも報道しはじめた。その報道を受け、二〇二三年の九月から一〇月にかけて、所属タレントのＣＭへの起用中止や、テレビ番組からの降板といったことが連日発表された。

これまで同事務所のタレントを起用していた大企業やメディアなどの「手のひら返し」は、イメージをダウンさせないための国民へのアピールにほかならない。同事務所に責任があるのはもちろんだが、起用していたタレントまで切り捨てる必要があるのだろうか。彼らの芸術性や才能を評価したうえでの起用ではなかったのか……。

このような点についても配慮しないと、メディアで華々しく活躍していたタレントたちが仕事をなくし、世間から見捨てられ、追い込まれていくという可能性がある。その影響は、タレント本人だけではなく家族も対象となりうる。これらの人たちを追い込むだけの権利は誰にもないはずだ！

そして、このような過熱報道が理由と思われる痛ましい事件も発生している。二〇二三年一〇月中旬、「ジャニーズ性加害問題当事者の会」に所属していた男性（四〇代）が、大阪府箕面市の山中で死亡した。遺書のようなメモから、自殺の可能性が高いという。

男性は、性被害をメディアで告発したあと、ＳＮＳなどで「金が欲しいんだろう」とか「売名行為だ」などの書き込みを頻繁にされていたという。性被害に加えて、ＳＮＳによる誹謗中傷によって追い詰められたうえでの自殺と思われる。マスコミ各社もこぞって報道しているが、国民自身の考え方およびマスコミの報道のあり方などを改めて考える必要があるだろう。

もちろん、芸能人にかぎったことではない。ＳＮＳなどの登場により、誰もが「バズる」（注目される）可能性がある一方で、「非難の的」になる可能性があるのだ。真実ではなく、ネット上に流れる情報が正義とされ、正当化されてしまうと、その面だけがクローズアップされて攻撃性だけが増していく。

二〇〇六年に施行された「自殺対策基本法」の第一条に書かれている目的には、「誰も自殺に追い込まれることのない社会の実現を目指して」と謳われている。二〇二四年現在、施行から一八年が経過し、追い込まれることのない社会は実現したのだろうか。どう考えても、「ほど遠い」と言える。少なくとも、本書の読者には、誰も追い込むことがないよう、大衆に扇動されず、真実をしっかりと見極めるだけの見識をもっていただきたいと願っている。

さて、次章からは、「自殺ハイリスク地」とされている現場において、日々「ゲートキーパー」として活動されている方々へ筆者がインタビューしたときの様子を紹介していく。もちろん、活動内容について語ってもらったわけだが、一つふまえていただきたいのは、ここで紹介する人たちは、毎日のように自殺志願者に接しているということである。そして、その方々から「〇〇が理由で死にたいんです」といった相談を受けているのだ。

本書を著している筆者が言うべきことではないだろうが、このような相談に毎日対峙するというのは、精神的に耐えられそうにない。しかし、彼らは行っている。決しておざなりではなく、対面を中心に行っている。「使命感」をもってやっていらっしゃるわけだが、私たちには想像もできないような、彼らの「凄み」を感じていただきたい。

第2章
青木ヶ原樹海（山梨県）

樹海の散歩道

最初のインタビュー先として選んだのは青木ヶ原樹海である。「いのち支える自殺対策推進センター（ＪＳＣＰ）」が発表している「自殺地域先進事例データベース」によると、山梨県鳴沢村、富士河口湖町が二〇一二年度より「青木ヶ原ふれあい声かけ事業」を実施している。

青木ヶ原樹海についてはテレビなどでよく紹介されているのでご存じの方も多いと思うが、山梨県鳴沢村と富士河口湖町にまたがる面積約三〇平方キロメートルの樹海である。樹海の近くには、富士急ハイランドやリゾート地である河口湖などといった観光地があり、シーズンを通して多くの観光客で賑わうところである。また、青木ヶ原樹海には富岳風穴《ふうけつ》や鳴沢氷穴《ひょうけつ》などの観光名所があるほか、あたりをハイキングしている人も多い。このような観光地で自殺が起きるのか、と疑問を感じたというのが正直な感想である。

鳴沢氷穴の入り口

ちなみに、青木ヶ原樹海は「富士山原生林及び青木ヶ原樹海」という名称で国の天然記念物に指定されているほか、特別保護地域および特別地区にも指定されており、林道から外れての進入は文化財保護法違反となり、禁止されている。しかし、現実には、ここでの自殺者が多い。

表１　「青木ヶ原ふれあい声かけ事業」自殺地域先進事例データベース

概要	自殺多発地域とされる青木ヶ原樹海における自殺防止を図るため、青木ヶ原樹海周辺を自動車で巡回あるいは沿道を徒歩で周回することにより、来訪者の見守りを行う。自殺企図の疑いがある者を発見した場合には、声をかけ、聞き取りを行う。その中で自殺の意思を明確に確認できた場合には警察に通報し、保護してもらう。巡回については、概ね９時～17時の間、２人１組×２組が365日体制で実施する。
実施年度	2020
自治体情報	①自治体　山梨県鳴沢村・富士河口湖町 ②人口規模　約29,000人 ③財政規模　14,749,000,000円
問い合わせ先	鳴沢村福祉保健課　TEL：0555（85）3081 Mail：fukushi@vill.narusawa.lg.jp 富士河口湖町福祉推進課　TEL：0555（72）6028 Mail：fukushi@town.fujikawaguchiko.lg.jp
詳細資料	詳細資料１
大綱分類	①旧大綱分類 ②新大綱分類　７．社会全体の自殺リスクを低下させる
具体的な取り組み	その他
ターゲット層	その他
事業対象	ハイリスク地来訪者
実施コスト	①予算　20,644,000円 ②人数　６人 ③準備日数　未記載 ④自治体の負担率　０％（地域自殺対策強化交付金を活用）
事業形態	①委託有無　委託無し ②事業種別　ハイリスク地対策
政策パッケージ分類	重⑥ハイリスク地

本章では青木ヶ原樹海における自殺の現状と背景、山梨県における自殺対策の取り組みをふまえたうえで、実際に「青木ヶ原ふれあい声かけ事業」の関係者へのインタビューを行い、青木ヶ原樹海で自殺する要因について検討し、近年行われている「青木ヶ原樹海イメージアップへの取り組み」について紹介していくことにする。

青木ヶ原樹海における自殺の現状

青木ヶ原樹海でどのぐらいの人が自殺しているのか知るために、厚生労働省で公表されている「地域における自殺の基礎資料」をもとに、鳴沢村、富士河口湖町の自殺者の年次推移（二〇一二年～二〇二二年）を**表2-1**

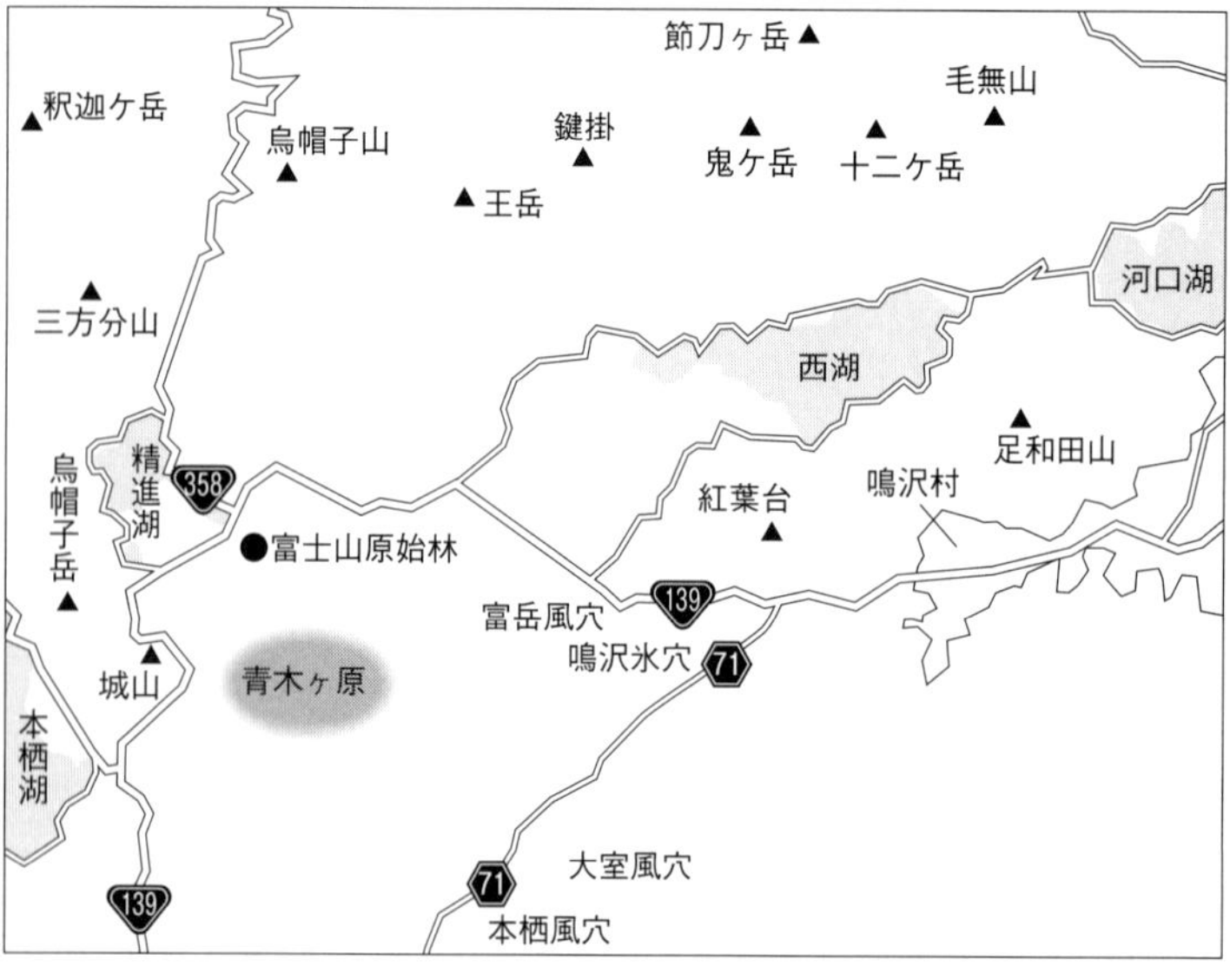

表2－1　自殺死亡数の年次推移

		2012	2013	2014	2015	2016	2017	2018	2019	2020	2021	2022	合計
鳴沢村	住所地	0	1	0	1	0	2	1	0	0	1	2	8
	発見地	10	4	2	1	5	5	8	9	3	5	4	56
富士河口湖町	住所地	5	6	5	1	2	11	6	3	7	6	7	59
	発見地	32	26	25	22	22	33	25	26	30	21	34	296

出典：厚生労働省「地域における自殺の基礎資料」をもとに筆者作成。

として示した。「住所地」とは自殺者が住んでいた場所で、「発見地」とは自殺死体があった場所を指している。

まず、鳴沢村を見ていくと、「住所地」では年間の自殺者が少ない年では〇人（二〇一二年、二〇一四年、二〇一六年、二〇一九年、二〇二〇年）、多い年では二名（二〇一七年、二〇二二年）であり、調査期間内の合計は八名である。次に「発見地」で見ていくと、毎年自殺者がおり、少ない年では一名（二〇一五年）、多い年では一〇名（二〇一二年）が自殺しており、調査期間内の合計は五二名と、「住所地」の約七倍となっている。

次に富士河口湖町の「住所地」で見ていくと、自殺者がもっとも少ない年で一名（二〇一五年）、多い年は一一名（二〇一七年）で

図２－１　自殺場所：発見地（鳴沢村）

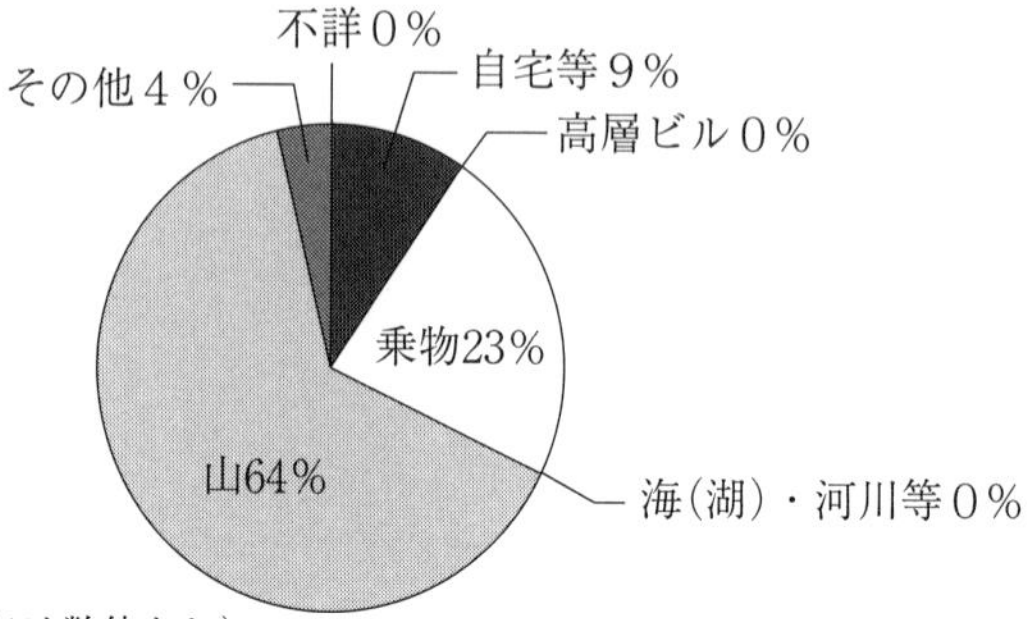

N＝53
（2014年、2015年は数値なし）
出典：厚生労働省「地域における自殺の基礎資料」をもとに筆者作成。

あり、調査期間内では五九名が自殺している。次に「発見地」では、もっとも少ない年でも二一名（二〇二一年）、多い年だと三四名（二〇二二年）となり、同期間内の合計は二九六名と「住所地」の約五倍となっている。

次は、同期間内の鳴沢村と富士河口湖町の自殺場所（発見地ベース）の集計を**図２－１**と**図２－２**で示した。鳴沢村では五三人中、山で自殺した人がもっとも多く六四パーセント（三四人）、富士河口湖町も同じく山で自殺した人がもっとも多く、五三パーセント（一五七人）を占めている。

青木ヶ原樹海は松本清張（一九〇九～一九九二）が『波の塔』（光文社、一九六〇年）で取り上げたことで有名になった。さらに追い打ちを掛けるかのように、石原慎太郎（一九三二～二〇二二）の『生死刻々』が原作となる映画『青木ヶ原』（新城卓監督、二〇一三年、アークエンターテイメント）も公開されている。これらだけが理由ではない

図２－２　自殺場所：発見地（富士河口湖町）

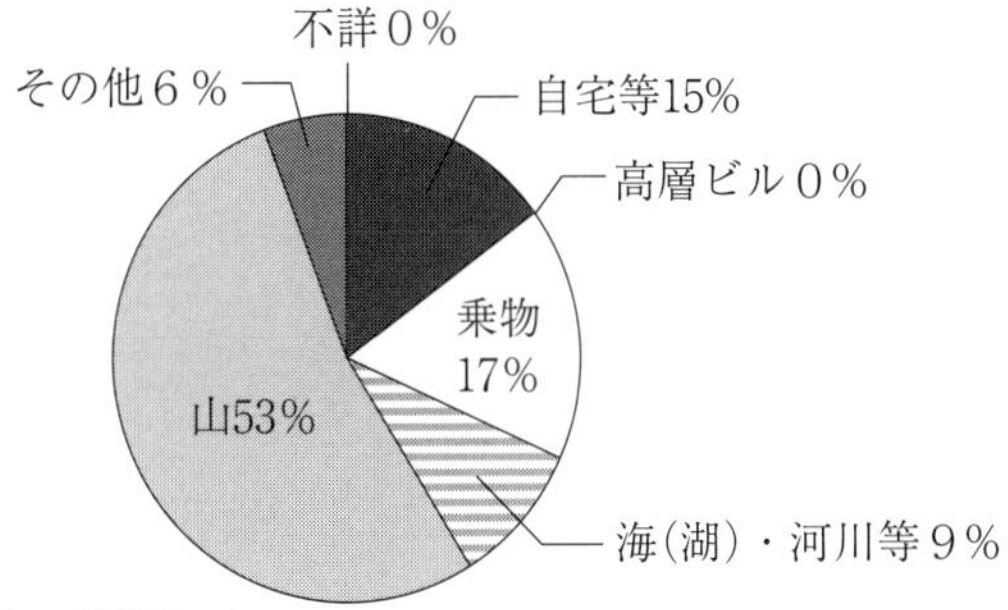

N＝296
（2014年、2015年は数値なし）
出典：厚生労働省「地域における自殺の基礎資料」をもとに筆者作成。

だろうが、地元の人からすれば、決して「うれしくない」フレーズが定着してしまったと言える。

『青木ヶ原』という映画制作に対して山梨県は、「映画によって自殺志願者を青木ヶ原樹海に呼ぶことになりかねない」と、快く思っていないことを伝え、福島県で開かれた関東地方知事会（二〇一二年五月）の際、当時東京都知事だった石原に対して山梨県知事の横内正明（当時）から「配慮してほしい」と声をかけたという（山梨日日新聞、二〇一二年五月三一日付参照）。

一方、石原は、この映画について「人間の生きる尊厳を、年間自殺者が三万人を超える現代社会に問う内容だ」としている（山梨日日新聞、二〇一三年一一月六日付参照）。

結局、山梨県は青木ヶ原でのロケを認めなかった。そのため、制作側は樹海でカメラを回すのは二度に留め、静岡県側の富士山麓で大半の撮影を行っている。

人の口に戸は立てられぬ――山梨県は、このような背景を踏まえつつ、以下のような対策を講じている。

山梨県のホームページ上では、「富士・東部保健所における自殺の取り組みについて」のページにおいて青木ヶ原樹海における自殺対策について公表している。

青木ヶ原樹海における自殺対策については、二〇〇八年に青木ヶ原樹海周辺の市町村や地元企業などで構成する「いのちをつなぐ青木ヶ原ネットワーク会議」（座長：富士河口湖町長）を発足させ、命を落とす行為を水際で食い止める声かけ活動や青木ヶ原樹海のイメージアップのための活動を行い、地域ぐるみで自殺対策に取り組んでいる。

具体的な取り組みとしては、一点目に「いのちをつなぐ声かけゲートキーパー養成研修」である。ゲートキーパーは「命の門番」とも位置付けられており、悩んでいる人に寄り添い、かかわりを通して

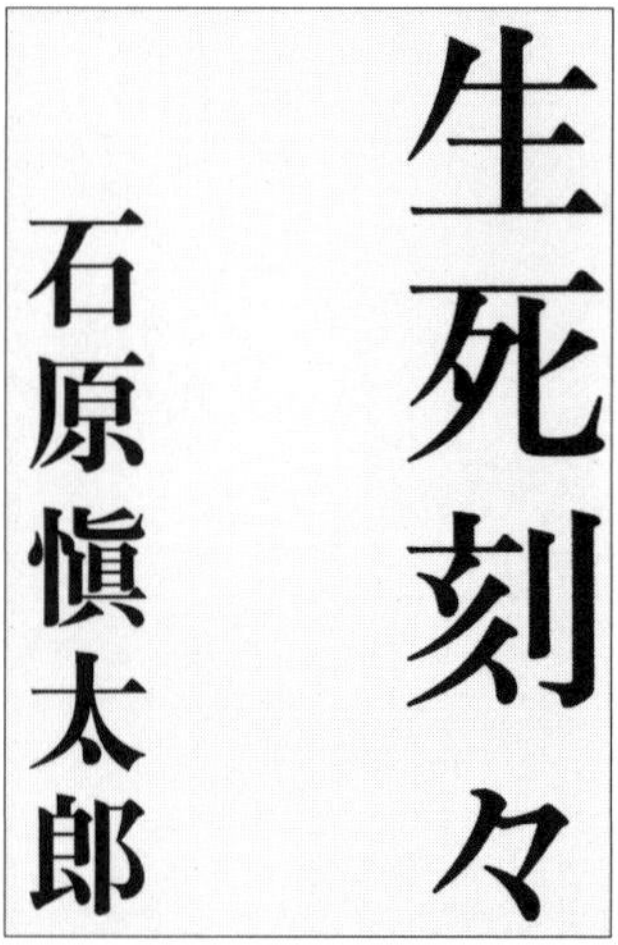

「孤独・孤立」を防ぎ、支援することを目的として養成されている。

二点目に、自殺の危険を示すサインや危険に気付いたときの対応の手引きとして「自殺に傾く人への対応手引き」を作成し、誰でも入手できるように、ホームページ上において配布している。この「手引き」には、自殺に傾いている人の理解や声かけの基本対応について、具体的な内容が記載されている。

また、三点目として、山梨県のホームページ上には公表されていないが、「青木ヶ原ふれあい声かけ事業」がある。概要としては、青木ヶ原樹海周辺を自動車で巡回、あるいは沿道を徒歩で周回し、来訪者の見守りを行うとともに自殺の疑いがある人を発見した場合には「声をかけ」、「聞き取り」を行うというものである。そのなかで、自殺の意志を明確に確認できた場合には警察に通報し、保護してもらうという取り組みを実施している。

この「青木ヶ原ふれあい声かけ事業」については、次節において詳しく紹介していく。

自殺志願者対応の手引き（https://www.pref.yamanashi.jp/ft-hokenf/documents/tebiki201912.pdf）

青木ヶ原で自殺志願者を救う隊員の取り組み

山梨県の富士河口湖町と鳴沢村が行っている「青木ヶ原ふれあい声かけ事業」の二〇二〇年度の事業予算は二〇六四万四〇〇〇円で、具体的な取り組みとして以下のことが記載されている。

❶毎日、概ね九時〜一七時の間、本事業専任の会計年度任用職員が二人一組×二組での巡回によって、青木ヶ原樹海の来訪者の見守りを行う。服装や持ち物、雰囲気等から自殺企図の可能性があると判断した場合には、声をかけ、聞き取りを行う。聞き取りの中で自殺の意思が確認できた場合には警察に通報し、保護してもらう。

❷周辺の売店等からも自殺企図の疑いがある者を発見した場合には、情報提供をいただいており、同様に声かけ等の対応を行う。

両町村における成果は、二〇一二年度〜二〇一九年度までに、二三五〇名に「声かけ」を行って五二五人が保護されている。ちなみに、二〇二〇年度では、両町村で三四六名に「声かけ」を行っており、四八名が保護されていた。私は、この資料を見たのちに調整を行い、担当者と会う段取りを付けた。

二〇二二年五月某日、私は沖縄県から東京へと飛んだ。本来なら羽田空港から富士河口湖町までバスが出ているのだが、コロナ禍で運休していたため、京急とＪＲを利用して新宿に向かい、「新宿高速バスターミナル」から目的地に向かうことにした。

私の主研究は離島なので、移動先といえば離島ばかりである。そのせいか、バスターミナルにいる人の多さには驚いてしまった。それに、コロナ禍である。みんながマスクは付けているものの、どうも新型コロナを気にしているようには見えなかった。

減便していた影響もあるのだろうが、富士河口湖町行きのバスは「残り一席」と示されていたため急いで購入し、バスに乗車した。そして、約二時間バスに揺られて到着した河口湖駅も多くの人で賑わっていた。コロナ禍でなかったらもっと多くの人がいるのだろうが、それを想像することができなかった。

宿泊先となっていたホテルまでの送迎バスがあったが、地域の散策も兼ねて徒歩で向かうことにした。海しかない沖縄県の宮古島で育った私にとって初めて見る富士山、その雄大さには度肝を抜かれた。何といっても、目の前に富士山が「ある」のだ。かつて新幹線に乗ったときに一度目にしているが、比べものにならない。そして河口湖、テレビや写真では見ていたが、実際は想像よりも大きく、水面を見ていると、どういうわけか心が落ち着いた。

翌日の早朝、レンタカーを借りて待ち合わせ場所に向かう予定としていたため、ホテルのスタッフに駅近くにあるレンタカー会社まで車で送ってもらった。その車内で、スタッフが「今日はコンサートに行かれるんですか？」と話しかけてきた。

「いや、大学の教員をしていて、自殺予防の研究で青木ヶ原樹海の監視員にお話をうかがうために来ました」と答えると、

「青木ヶ原樹海は、県外からの自殺者が多いそうですね。自治体内での自殺なんて、めったに聞かないんですよ」とスタッフが言った。

　私にとっては、とても意外な答えであった。なぜなら、県外からの自殺者が多いことは全国的に知られていることなので、「そのような人を泊めたことがある」とか「見かけたことがある」といった感想が述べられると思っていたし、地域全体が一丸となって自殺予防に取り組んでいると思っていただけに、少し拍子抜けをしてしまったのだ（私の勝手なイメージでしかないが……）。

　レンタカーを借りると、約束した時間の三〇分前に待ち合わせ場所に着いた。役所の事業なの

初めて見る富士山

で、「ふれあい声かけ事業」というワッペンをつけた職員が観光地の椅子に腰かけているのだろうと思って探したが、それらしき人物が見当たらない。一〇分を過ぎても現れなかったので、近くの売店の店員に、「琉球大学という大学の教員をしておりまして……『ふれあい声かけ事業』の方にお話を聞きに来たのですが、どちらにおられるかご存じですか?」と尋ねた。

多くの場合、こういう観光地だと面倒くさそうな顔をされるものだが、売店の店員は「ちょっと待ってて、聞いてみるから」と言って電話をしはじめた。そして、「待ち合わせ場所が違うみたい。すぐ来るって言ってるから、そこで待っといて」と言い残して売店に戻っていった。

二、三分後、一台の車が駐車場に入ってきた。そして、降りてきた人が小声で「琉球大学の方ですか? ここじゃ目立つから車に乗って話そうか」と言い、車内でのインタビューとなった。

「〇〇（自治体名）だったから、てっきりここだと思いました。すみません」と私が言うと、監視員のAさんが次のように話しはじめた。

心が落ちつく河口湖

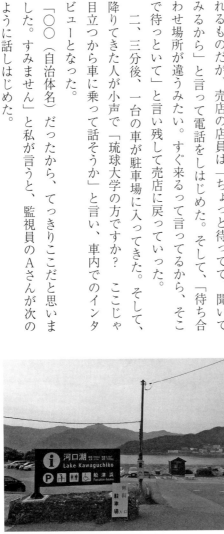

「自治体的にはこっちなんだけど、あっちのほうがバスも多いし、人も集まるからな。自殺志願者を止めなきゃならないのに、自治体で線引きしている場合じゃないよ。〇〇（場所）は人が多く集まるんだよ。バスも多く止まるし、乗り換えもあるからいろんな方向に行けるしな」

そしてAさんは、「自殺のサイトを見ると青木ヶ原のことが出てて、あそこに行くことは分かってるんで」と言った。

これを聞いた私は、「どのような方に声をかけるのですか？」と尋ねた。

A この仕事に入ったばっかりで分からないときは、それはもう手当たり次第だったかな。今は声かける人を絞っているから。一人のときもあるし、複数のときもあるし。以前、バスから降りてきた人に二人で行こうとしたら、こっちにもバスが着いて、彼もちょっと「あれかな」ということになり、二人で声かけをしたかな。同時に三人いたこともあるし、一日に四人いたこともある。

だいたい、予想はしてるけどね。たとえば、一昨日みたいに満月や新月の近くとか。しっかり見ているというか、よく見るっていう感じかね。先輩たちからきつく教え込まれたよ。「何のためにやっているんだ！」って強く言われ、「給料もらうだけの、ぼーっとしているぐらいなら辞めろ」って言われてきた。決して、やさしい言い方じゃなかったよ。

先輩には、「『トイレですか？』って、声をかけたらいいんだよ。『ふれあい声かけ事業』なんだから、どんどん話しなさいって言われて」。最後の砦っていうか……ゲートキーパーって言うんだっけ。

もう一人の監視員であるＢさんが、補足するように口を挟んだ。

Ｂ　タクシーやバスから降りてきて、迷うような動きをするんですよね。コロナ前は、マスクをしている人が多かったですね。帽子を深く被って……。コロナ禍になってみんながマスクをするようになったから、分かりにくくなったよ。でも、お腹にロープを巻いたり、刃物をもっている人が増えましたね。コロナ禍になってからは、若い世代や高齢の方が増えたという印象です。それ以外には、バスの後をついていったり……。

Ａ　バス停で特有の動きをするんで。自殺しようっていう人は心が沈んでいるわけだから、行こうか戻ろうかと、迷うような特有の動きをする。そんな動きとかを見て、観光客じゃないよねという人に声をかけて話している。そのとき、顔の表情や目の動き、筋肉の動きを見ている。

インタビュー中、二人の監視員ともあたりを見回し、自殺志願者がいないかどうかと目を光らせていたのが印象的であった。次に私は、声をかけたときの反応について尋ねてみた。

A　「自殺しに来たんじゃない！」と言って逆に怒る人もいるけど、警察が到着するまでは、なだめながら待ってもらっている。私たちは、見つけ出して「お帰りください」だけだから。複数回来る人もいるが、毎回、知らないふりをされることもある。また、複数回来ている人で、声をかけて欲しいという素振りをする人もいる。そのような人は、声をかけてもらうために来ているかもしれない。

自殺は、周りを巻き込んでどんどん不幸になる。仮に息子だったら、その家庭は、離婚とか散り散りバラバラとなる。もし、ここに修学旅行に来た子どもたちが見つけたら、一生「心の傷」として残ってしまう。

山奥で自殺すると思っているでしょうが、実際は、樹海を歩いて数分のところで自殺する。誰にも知られずに死なせてくれって思いつつも、どこかで「見つけて欲しい」と思うんでしょうね。四十九日法要っていうように、四九日以内に見つかりそうなところで自殺していることが多い。だから、ピクニックなどで来た子どもたちが見つけてしまう可能性がある……。

もちろん、誰にも見つからないようにと山奥で自殺する人もいますが、年に一回以上は青木ヶ原樹海でどこかの部隊（自衛隊？）が訓練を行っているようなので、そのときに発見される。

だから、見つからないということはないと思う。北海道から九州まで全国からやって来るよ。遠くからわざわざ来なくても……。

Aさんの表情を見ていると、迷惑がっているというよりも、心底家族や周りの人々を心配しているように思えてくる。パトロール隊に声をかけられた人たちの心情を知りたいと思ったが、それはかなわない。推測でしかないが、このような人たちに対峙すれば、「思い留まる」ような気がしてならなかった。

最後に、インターネットでもよく見かける、自殺予防のための看板効果について尋ねてみた。

A　逆効果じゃないかな。むしろ、ここが入り口だって教えているようなもんだから。最近は、

樹海の入り口

自殺防止の看板

インターネットやSNS、ユーチューバーの影響が大きいと思う。インターネットには、警察に職務質問されたらこう答えろとか、監視員がここにいるぞ、と書かれているから始末が悪い。

うちのチームだけで年間五〇名ほど保護し、警察も多分五〇名ほど保護していると思う。そして、遺体で発見される人が四〇名ほど……。我々の目に留まることなく帰っている人もいるだろうから、ひょっとすると自殺志願者は毎日来ているのかもしれない。自殺志願者を保護して家に帰すだけではなく、共同で生活できる場をつくって、解決してから帰すような仕組みが必要だと思っている。


二人にお礼の挨拶をしたあと、青木ヶ原樹海の自殺予防の看板のある入り口付近を歩いたり、樹海のなかを散策してみた。ハイキングをする観光客や教育学習だと思われる小中学生も多く見られ、監視員との温度差を強く感じてしまった。

翌日は、別のチームへのインタビューである。昨日と同じく、約束の場所に足を運んだ。休日であった監視員のCさんは、私のために出勤してこられたようだ。見回りコースや実施体制などについて話をうかがったが、情報保護のため、ここでは記載しないこととする。

そうこうすると、出勤中の監視員が見回りから戻ってきた。いつくか話を聞きながら、昨日と同じような質問をした。

まず、「どのような方に声をかけるのですか」という質問をした。

C　バスの後をついていって、降りる人を見ています。一人で降りる人には声をかけるようにしています。「荷物を見せてください」と言って、ロープとか刃物を持っているかどうかを確認し、持っていたら警察に連絡し、保護してもらいます。怒る人が半分ぐらいいますね。我々には警察のような権限がないので、警察が来るまで謝って待ってもらっています。あとでクレームを入れる人や書き込みをする人もいるし、複数回来る人もいて……。最近は会釈をする人もいて、自殺じゃなくて声をかけてもらいに来てるんじゃないかと感じたときもあります。

とくに女性は難しいです。身体に触ることができませんから。自殺場所については、中へはどこからでも入れますから……歩いていて、パッと入ってしまえば分からないです。それ以外に、車上生活者も増えてきました。県外が多く、全国各地から来ますよ。盆も正月もなく、三六五日やって来る。コロナ禍となり、保護される人が増えていると思います。

次に、昨日のチームと同じく、自殺予防のための看板の効果について尋ねた。

C　正直、逆効果だと思います。撤去したほうがいいって上（行政）にも言ってるんですけどね。

興味本位で、ユーチューバーや観光客が撮影によく来るんですよ。また、宗教団体がお菓子つきのチラシを貼ったりですね。コロナ禍以前は、外国人がカメラを持って来ていましたよ。外国でも知られているんですよ。全国各地から自殺志願者が来るんですが、わざわざここまで来なくてもね……。

このような話をしているとき、昨日インタビューした監視チームがやって来た。どうやら、最近あった自殺者の情報交換のために立ち寄ったようだ。昨日お話をうかがったAさんが、「それぞれ自治体は違うけど、協力しないと自殺志願者は救えない。自分のところだけやればいいってもんじゃないんだから」と言って、パトロールへと向かっていった。

インタビューが終わると、Cさんが青木ヶ原の全体を案内してくれた。注意する点など、丁寧な説明を受けながら青木ヶ原の道を通っていると、道の脇に県外（中国地方）ナンバーの車が停まっていた。そして警察官。レッカー車と家族らしき人物が立ち会って、何か話している様子が見えた。

「きっと、車の持ち主はもう樹海のなかで亡くなっていて、家族が車を引き取りに来たのでしょう」と言ったCさんの口調から、決して珍しくないことだと感じられた。そして、「仏教系、キリスト教系の団体が勧誘に来たり、横断幕を張って勧誘している」という話が私の耳に届いた。

青木ヶ原樹海で自殺する要因

なぜ、青木ヶ原樹海に自殺志願者が多く集まるのか。よく言われている理由は、先にも書いたように、松本清張が書いた『波の塔』（四〇ページ参照）と考えられる。『波の塔』は一九五九年から一九六〇年の期間に雑誌『女性自身』に連載されていたものだが、一九六〇年に光文社が書籍化し、同年に松竹が映画化をしている。さらに翌年にはテレビドラマ化もされ、一九六一年から二〇一二年の間に、八回もキャストを代えながら放映されている。

『波の塔』では、主人公の頼子が不倫の末、死に場所とした選んだところとして樹海が記載されている。そして、一九七四年四月二五日付の「毎日新聞」の記事には、「『波の塔』まくらに樹海で若い女性が自殺」という見出しの記事が掲載されている。また、一九七八年六月五日付の「朝日新聞」では、「月曜ルポ　魔の樹海に泣く地元」という見出しの記事が掲載され、文中には次のような記載があった。

　昭和三十五年、松本清張氏の推理小説『波の塔』があらわれて以来、自殺者が増えたという富士山ろくの青木ヶ原樹海このように、『波の塔』が青木ヶ原樹海の自殺者を増加させたと関連付けていた。試しにと思って「毎日新聞」のデータベースで「波の塔　自殺」と検索すると、一九件がヒットし、最新のものでは二〇一七年一二月二七日付の山梨県版の記事に、「青木ケ原樹海：人気じわり『自殺』のイメージから観光地へ　富士が育んだ原生林、町民ら案内」という見出しのもと記事が掲載されていた。

同じく「朝日新聞」では一八件がヒットし、最新のものとして、二〇二〇年一一月七日付の静岡県版に、「西湖　貞観大噴火が生んだ地形」という見出しの記事が見られた。

このように新聞では、青木ヶ原樹海の自殺について記載する際、「松本清張の小説『波の塔』で自殺の名所として有名になり」や「自殺者が急増したのは、ヒロインが樹海に死に場所を求める松本清張の恋愛小説『波の塔』がきっかけ」などのように、青木ヶ原樹海を説明する際に引き合いに出されることが多い。

次に影響を及ぼしたと考えられるのは、一九九三年に出版された、鶴見済著の『完全自殺マニュアル』（太田出版）である。この本では、クスリや飛び降り、入水、凍死などといったさまざまな自殺の手段が紹介されているが、「首吊り」の項に、「自殺マップ①樹海」として、「絶対に誰《だれ》にも知られずひっそりと自殺したい人」への「おすすめ場所」として紹介し、入り方や見つからない場所などについて詳細な説明を行っている。

こちらについても新聞記事を見ていくと、一九九三年一〇月二〇日付の「朝日新聞山梨県版」には、「『自殺マニュアル』迷惑千万　青木ケ原樹海で遺体を発見」という見出しとともに、富士吉田署の報告として、「九月以降に樹海で発見された二遺体のそばに『マニュアル』があった」と記載されていた。

また、一九九八年一一月五日付の「毎日新聞山梨県版」では、「［追跡］山梨　自殺急増、地元『困った』青木ケ原樹海、既に過去最高六三人」という見出しのもと、以下のような記事が掲載されていた。

同樹海は松本清張の小説『波の塔』で、自殺の名所として有名になり、九三年出版の『完全自殺マニュアル』では「絶対に死体の見つからない場所」と紹介された。このため「自殺者のほとんどは県外者」（同署）で、半数は身元が分からず、今年見つかった六三人のうち四四人が身元不明。

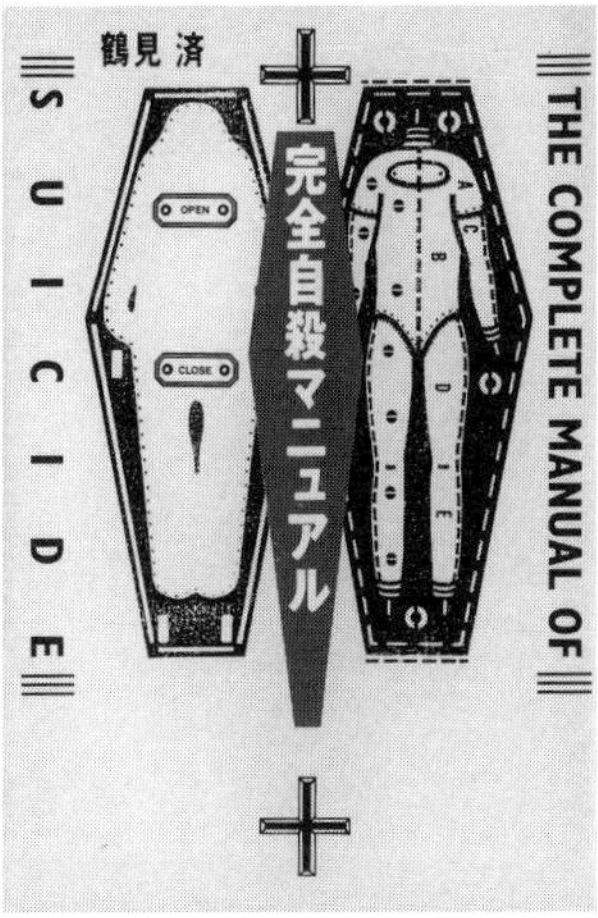

鶴見済著『完全自殺マニュアル』
（1993年）

いずれも、『波の塔』と『完全自殺マニュアル』が原因であるという見解を述べている。ちなみに、『完全自殺マニュアル』は、二〇一九年時点で「一一二刷」となっていた。本が売れないと嘆いている出版界において、とんでもない売り上げとなっている。

さらに、青木ヶ原樹海は映画でもたびたび取り上げられている。『樹の海』（瀧本智行監督、ビターズ・エンド、二〇〇四年）、『樹海のふたり』（山口秀矢監督、アーク・フイルムズ、二〇一二年）、『青木ヶ原』（二〇一三年、前掲参照）、『追憶の森』（ガス・ヴァン・サント監督、東宝東和、二〇一五年、）、『JUKAI －樹海－』（ジェイソン・ザダ監督、「ＭＤＧＰ」上映委員会、二〇一六年）、『樹海村』（清水崇監督、東映、二〇二一年）などの映画において、青木ヶ原樹海は自殺の名所として紹介されている。また、最近では、YouTuber（ユーチューバー）が富士の樹海を散策するといった動画も多く散見される。

エンタテインメントの題材としてこれほどまでにも取り上げられる「樹海」、制作者側の意図はどこにあるのだろうか。視聴者の「怖いもの見たさ」という感情をくすぐっているのか、はたまた社会的な訴えをふまえているのか……。すべての映画を観ていないのでコメントは差し控えるが、何となく前者のような気がしてならない。

青木ヶ原樹海のイメージアップへの取り組み

青木ヶ原では、自殺のイメージを払拭すべくイメージアップに取り組んでいる。たとえば、山梨県観光振興課では、観光プロモーションとして「樹海フォトコンテスト」などを行っている。また、富士河口湖町は、「青木ヶ原樹海イメージ映像」として美しい自然美を撮影し、その映像をYouTubeで公開するといった形でイメージアップを図っている。

民間団体の取り組みでは、「富士の国やまなし観光ネット」（https://www.yamanashi-kankou.jp/aokigaharajukai/）が「青木ヶ原樹海散策コース」の紹介を行っている。また、大手旅行会社である「クラブツーリズム」（https://www.club-t.com/）が同行しなければ潜入できない　青木ヶ原樹海探訪二日間」といった企画を提供するなど、山梨県を挙げて青木ヶ原樹海のイメージアップに取り組んでいる。

これらのキャンペーンによって、「観る富士山」から「体感する富士山」への意識チェンジが進んでいるように思えるし、自治体や民間団体の努力にはただただ頭が下がる。とはいえ、これまで以上に訪れる人が増えることによるトラブルもある。その一番が「ゴミ問題」であろう。現在、登山客だけでなく、麓を散策する人たちのマナーが問われている。

もともと「霊峰富士」と言われるように、富士山は神聖視されている山である。南麓に位置する富士山本宮浅間大社（静岡県富士宮市）のもと、全国には浅間信仰（富士信仰）の神社が約一三〇〇社もあるのだ。もちろん、すべての日本人が浅間信仰をしているとは思わないが、さまざまな機会にこの優美で美しい山を知り、「一度は登ってみたい」と思っているはずである。

そして、ご存じのように、二〇一三年六月二二日には、「富士山－信仰の対象と藝術の源泉」という名のものと世界文化遺産として登録されている。この名のとおり、ユネスコが、世界が「信仰の山」として認識しているのだ。これをふまえてであろう、「古代より神格化されている山を汚《けが》してはいけない」という願いのもと、地元の関係者がさまざまな努力をしているのだ。

樹海や風穴を説明する看板

幻想的な氷穴

今回、青木ヶ原樹海を調査し、インタビューを行って一番驚いたのは、観光地の近くにある自殺多発地域ということであった。レジャー客や観光客が多いなか、自殺志願者は何を思って青木ヶ原樹海に集まってくるのだろうか。

確かに、青木ヶ原樹海は都市部からの利便性がよいが、パトロール隊が口をそろえて言うように、「ほかにも自殺できる場所はいくらでもあるのに、なぜ全国から集まる」のだろうか。その理由の一つとして、前掲した『波の塔』や『完全自殺マニュアル』の影響があると思うが、やはり、YouTuberや映画などにおける影響が過熱させているように思える。

霊峰富士の麓で、自殺志願者が命を落とすことがないように願い、「最後の砦」として決死の覚悟で「声かけ」を行っているパトロール隊がいることを知ってほしい。私自身、彼らから話を聞くまで、これほど大変な活動だとは思っていなかった。本書では、さまざまな制限があって詳述できなかったが、掲載した彼らの言葉から、その「大変さ」を想像していただきたい。

沖縄に生まれ、沖縄で育った私だが、今回の調査によって富士山がとても身近なものとなった。飛行機や新幹線の窓から観るだけの富士山であったが、その麓に立つことによって歴史や文化といったさまざまなことを知る機会ともなった。これまでの勉強不足を恥じ入り、これからも研鑽を重ねていきたい。こんな私の願いは一つ、「自殺多発地域」から「自然を求めて多くの人が訪れる地域」への転換である。

第3章

三段壁《さんだんべき》（和歌山県）

三段壁の全景

自殺多発地域として次に選んだのは三段壁である。こちらも青木ヶ原樹海、東尋坊と同じく、「いのち支える自殺対策推進センター（ＪＳＣＰ）」の自殺地域先進事例データベースでヒットしたところであり、データベースには「ハイリスク地対策」として掲載されている（**表3－1**参照）。

三段壁のある和歌山県西牟婁郡白浜町は南紀白浜温泉郷の中心地であり、「日本三古湯（白浜、有馬、道後）」としても有名なところである。長い年月をかけて打ち寄せる荒波に浸食された岩でできた「千畳敷」、ワイキキビーチと姉妹浜となっている「白良浜」、島の中央に円月形の穴がぽっかりと開いている「円月島」、日本一パンダがいる「アドベンチャーワールド」などがある観光地でもある。

三段壁とは、千畳敷の南海岸にそそり立つ高さ五〇メートルの段壁であり、黒潮がぶつかり合うというダイナミックな景観が魅力となっており、白浜の代表的な観光スポットの一つである。園内にある三段壁洞窟は、地下三六メートルまでエレベーターで降りることができ、洞窟内の通路では、資料に基づいて再現された番所小屋や、波が打ち寄せてはかえす臨場感あふれる洞窟が鑑賞できる。

また、近年は、恋人の聖地としても広く知られており、二人の愛を誓う南京錠がたくさん付いたハート型のモニュメントやハートマークの入ったピンクの郵便ポストがあり、人気のデートスポットとして多くのカップルが訪れる地ともなっている。

表3－1　ハイリスク地対策

概要	和歌山県白浜町では、県、町、NPOが協働し、保護された自殺未遂者や自殺念慮者に対して、アパートを滞在場所として提供。生活物資も支給し、共同生活により自立を促す生活支援活動を実施している。
実施年度	2011
自治体情報	①自治体　和歌山県、白浜町、警察 ②人口規模　約23,000人 ③財政規模　未記載
問い合わせ先	和歌山県福祉保健部福祉保健政策局障害福祉課 TEL：073-441-2641 E－mail：e0404001@pref.wakayama.lg.jp
詳細資料	詳細資料1
大綱分類	①旧大綱分類　6）社会的な取組で自殺を防ぐ。 — ②新大綱分類　— —
具体的な取り組み	連携事業 その他 多職種連携
ターゲット層	未遂者 その他
事業対象	自殺を思い悩んで訪れる人自殺未遂者
実施コスト	①予算　平成23年度　5,087千円 ②人数　不明 ③準備日数　不明 ④自治体の負担率　なし
事業形態	①委託有無　委託有り ②事業種別　強化モデル事業
政策パッケージ分類	重③生活困窮者 重⑥ハイリスク地 その他（妊産婦、性的マイノリティ等）

出典：いのち支える自殺対策推進センターHP。

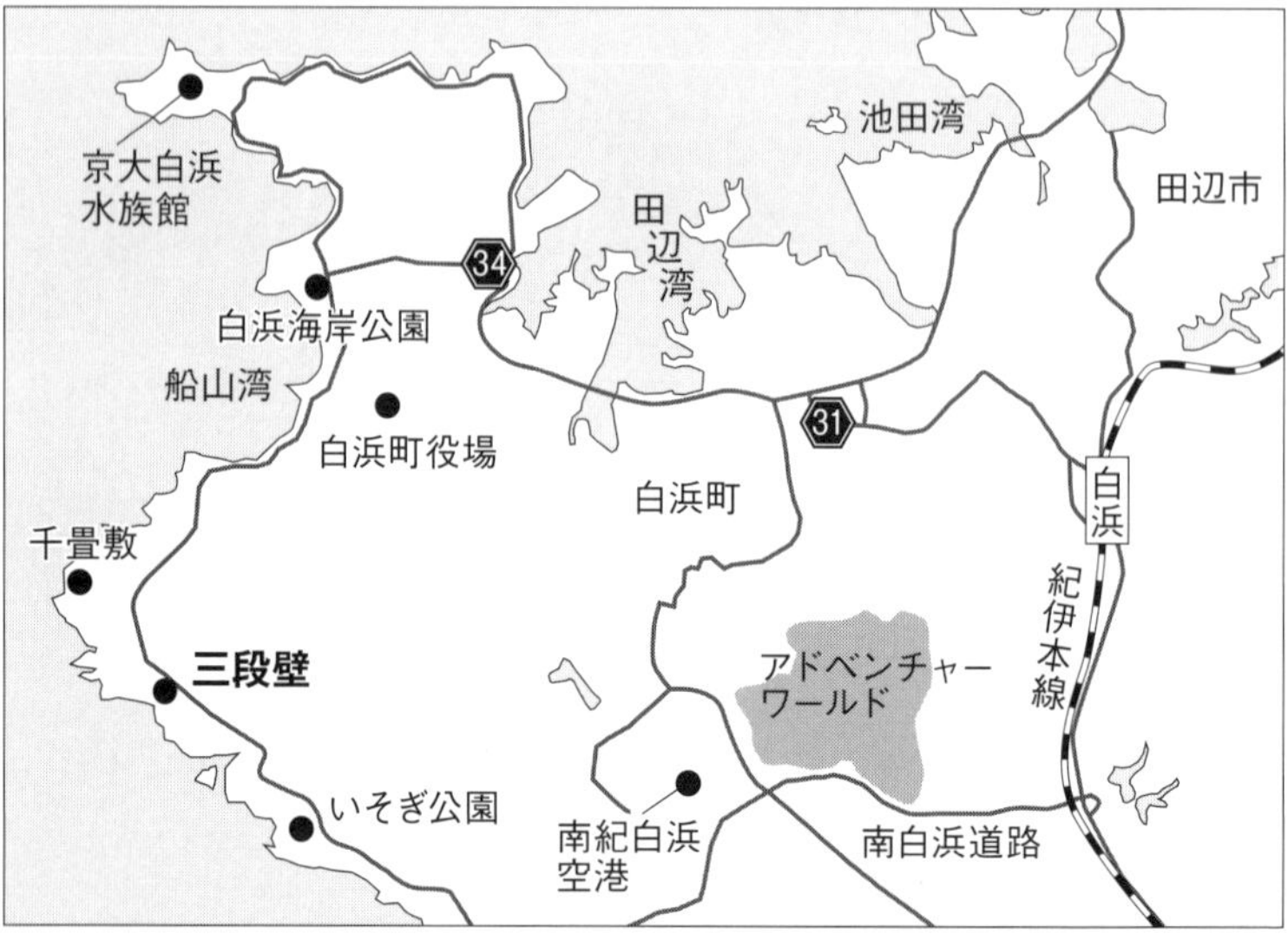

ハート型のモニュメント

三段壁の看板と洞窟の入り口

このような観光地が「ハイリスク地」となっていることが信じられなかった。しかし、「三段壁　パトロール」で検索すると、自殺予防をする「白浜レスキューネットワーク」のホームページがモニターに映し出された。

母校である西南学院大学の先輩が西牟婁郡《にしむろぐん》に住んでいたことを思い出し、数年ぶりに電話をしてみた。先輩である長嵜賢一《ながさこけんいち》さんは同地の出身で、現在は和歌山県内の行政機関で精神保健福祉相談員として活躍している。そんな先輩から、白浜町の三段壁は自殺者が多いということ、そして「白浜レスキューネットワーク」が熱心に活動しているという話をうかがったので、その様子とともに、私が現場などで調べたことを紹介していきたい。

三段壁における自殺の現状

「毎日新聞（和歌山県版）」の二〇〇六年一〇月四日付の記事によると、三段壁での飛び降り自殺が毎年一〇件前後あったという。その後、自殺防止策として救助用金具の取り付け工事が行われ、合計一四〇か所に手すりとリングが設置されたが、二〇〇八年には二一人の自殺があり、前年の九人より大幅に増加したため、自殺防止安全柵が設置された。

三段壁でどのくらいの人が自殺しているのかを把握するために、厚生労働省で公表されている

表3－2　自殺者数の推移

		2012	2013	2014	2015	2016	2017	2018	2019	2020	2021	2022	合計
白浜町	住所地	5	2	3	5	5	2	7	3	3	7	5	47
	発見地	9	6	6	6	13	14	12	11	11	14	7	109

出典：厚生労働省「地域における自殺の基礎資料」をもとに筆者作成。

「地域における自殺の基礎資料」をもとに自殺者の年次推移（二〇一二年～二〇二二年）を**表3－2**として示した。第2章（青木ヶ原樹海）でも説明したように、「住所地」とは自殺者が住んでいた場所で、「発見地」とは自殺死体があった場所を指している。

白浜町での自殺について、まず「住所地」で見ていくと自殺者のもっとも少ない年で二名（二〇一三年、二〇一七年）、多い年では七名（二〇一八年、二〇二一年）となっており、調査期間内では四七名が自殺している。一方「発見地」では、もっとも少ない年でも六名（二〇一三年、二〇一四年、二〇一五年）、多い年では一四名（二〇一七年、二〇二一年）であり、同期間内の合計は一〇九名で「住所地」の約二・三倍となっている。

次に、期間内の発見地の自殺場所、自殺手段について示した（**図3－1**、**図3－2**参照）。自殺場所では、「海（湖）・河川等」が五九パーセント（五九名）ともっとも多く、自殺

図３－１　自殺場所

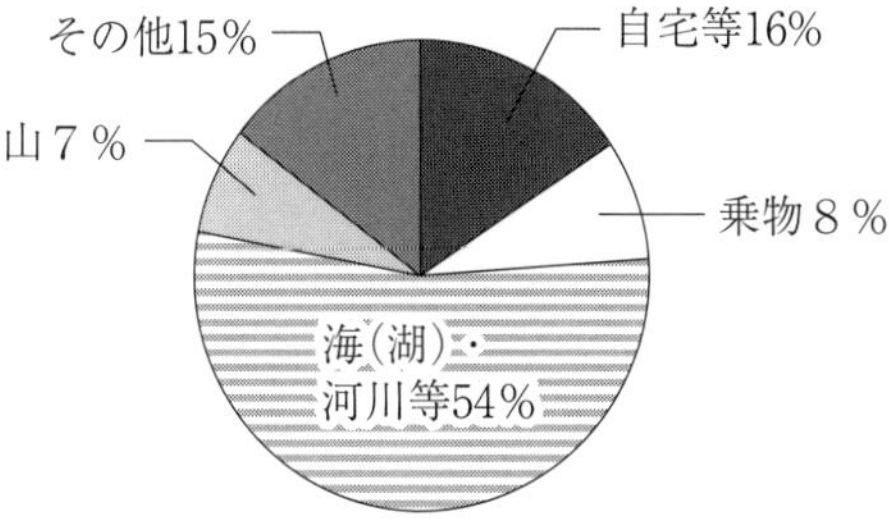

図３－２　自殺の手段

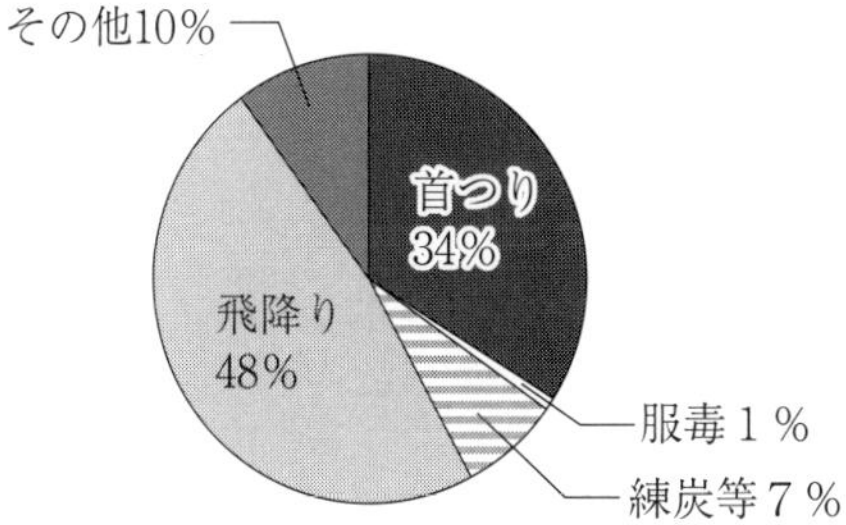

出典：共に、厚生労働省「地域における自殺の基礎資料」をもとに筆者作成。

手段も「飛降り」が四八パーセント（五二名）ともっとも多い。

二〇二〇（令和二）年に白浜町が発行した「白浜町第一期自殺対策計画～こころといのちを大切に～」では、町内の自殺の現状に関して、「居住地における自殺者数」と「発見地における自殺者数」の比較において、「町民が自殺する人数よりも町内で発見される自殺者数が多い状況にある」と述べられている。そして、発見地における自殺者数の割合が高い傾向の要因として、三段壁での自殺を挙げている。

そのため白浜町は、三段壁にお

表３－３　「ハイリスク地」対策の具体的内容と成果

具体的な内容 ・自殺対策会議の設置：県、白浜町、警察、消防、民間団体を構成員とし対策を協議 ・三段壁パトロール：週５回 ・三段壁に看板、防犯灯の設置：注意喚起のため看板、夜間の安全確保のため照明設備を設置 ・一時保護施設：保護した自殺未遂者に滞在場所を提供
成果 ・自殺者数の減少 過去５年のピークは平成20年の21人であったが、平成21年度からの基金事業実施後、減少に転じ、平成23年は最小数となっている。自殺未遂者の自立和歌山県白浜町では、県、町、NPO が協働し、保護された自殺未遂者や自殺念慮者に対して、アパートを滞在場所として提供。生活物資も支給し、共同生活により自立を促す生活支援活動を実施している。 一時保護施設は地元 NPO が運営しており、地域自殺対策緊急強化基金を活用して購入した建物と白浜町から借り受けているアパートを滞在場所として提供。生活物資も支給し、共同生活により自立を促す生活支援活動を行っている。対象者は年間約90名。

出典：「自殺地域先進事例データベース」をもとに筆者作成。

ける自殺対策を重点施策として位置付け、三段壁での水際の自殺対策に加えて、三段壁が自殺ハイリスク地というイメージを払拭し、本来の魅力である「名勝地」としてのアピールや、観光客の滞在時間を延長するための工夫など、イメージアップを図る取り組みの一環として下記のようなことに取り組んでいる。

❶関係者によるパトロールや監視カメラの使用。

❷希死念慮者《きしねんりょしゃ》（自殺念慮者）に対するシェルターによる一時保護と生活支援。

❸希死念慮者が援助を求めやすく

なるような取り組み。
❹飛び降り・飛び込み防止などの取り組み。

ちなみに、前述した自殺地域先進事例データベースでは、三段壁における「ハイリスク地」対策の具体的内容と成果について、**表3‐3**のように示されていた。

一度目の訪問——大学の先輩と地元の人たち

スケジュールの都合上、当初は三段壁と次章で紹介した東尋坊まで一気に行こうと考えて、三段壁の取材を二〇二二年の七月一八日、東尋坊の取材を翌日の一九日に予定していた。もちろん、飛行機代が日々高くなることもあって、先にチケットは予約しておいた。

チケットの予約後、「白浜レスキューネットワーク」の藤藪庸一《ふじやぶよういち》さんに連絡すると、「一八日には先約がある」とのことで、途方に暮れていたところ（もちろん、私が悪いのだが）、先輩の長《なが》嵢《さこ》さんが「祝日で休みだから案内するよ」と言ってくれたうえに、「JR白浜駅まで迎えに行くし、宿も手配しておこう」とまで言っていただいた。

七月一八日、那覇空港午前七時発の関西国際空港行きの便に乗り、白浜町に向かった。関西国際空港からは電車でJR日根野駅に行き、そこからはJR阪和線とJR紀勢本線を乗り継ぎ、約二時間でJR白浜駅に到着した。

白浜駅は観光客でごった返していた。駅に着くと、前日の電話どおり長嶝《ながさこ》さんが車で迎えに来てくれていた。白浜町内を案内してくれたあと、三段壁にも連れていってくれた。三段壁は駅前以上の観光客であふれており、長嶝さんと話をしながら歩いていると、「ここ、自殺の名所よ」という若い観光客の声が聞こえてきた。到着早々、「自殺の名所」というイメージを体感してしまった。

すると、長嶝さんが、「以前、業務中に自殺志願者を発見し、止めた」と話はじめた。これまで長嶝さんからこのような話を聞いたことがなかったので、少し驚いてしまった。

この日の夜、夕食をすませたあと、長嶝さんとともに宿の近くにあるバーに行った。バーで飲んでいるとマスターに、「どういった用事で白浜町に来られたのか」と尋ねられたので、自殺予防に関する研究をしていると話した。「せっかくなので、話を聞いてもいいですか」と尋ねると快諾してくれたので、以下では、マスターと地元のお客さんとともに三段壁について話した様子を記していきたい。もちろん、記載することについての了承は得ている。一般の方へのインタビューであるため、「A」と「B」という表記で紹介していく。

まず、率直な質問として三段壁の自殺について尋ねた。

筆者　なぜ、三段壁は自殺者が多いのでしょうか？

Ａ　もの心がついたときからって言うとあれですが、よく聞きますよ。飛び込む人がおるって。

Ｂ　データがないと難しいこともあるけど、自殺者がどこの出身なのかにもよるかな。ここの特徴は、暖かいところ、観光地で割と賑やかというところかな。それと昔、知的障がいのある自殺志願者と会ったけど、ここらあたりで自殺する人は、あそこが自殺のメッカだから行ったら死ねるっていう感覚かもしれない。いつから増えてきたのかは分からない。おそらく、県内の人で死にやすい場所で飛び込めるところを考えると……。首吊りはできない人となってくると、飛び込みしかないかな。

どうやら、地元の人にとっても「自殺の名所」となっているようである。

筆者　高い場所はほかにないんですか？

Ｂ　ビルじゃなくて、なぜあそこなのかという話ですね。確かに、ビルの四階から飛んでもいいわけです。

Ａ　極力迷惑をかけたくない、というのがあるんじゃないかな。
筆者　でも、飛び込むと、あの洞窟に流れていく可能性がありますよね。
Ｂ　そう、釣り人が見つけるとかね。うちの親も、死体をひっかけたことがある。
Ａ　僕の完全な想像ですが、自己肯定感の弱い人って、そっちに引っ張られていくような気がするんです。たとえば、スクランブル交差点に飛び込むのはちょっと病気的な気がする。やっぱり、ひっそりとしていながら、ちょっと人がいるところというと、観光地になるのかな。
Ｂ　やっぱり、自殺を考える人はどこかで見つけて欲しいというか、どこかで引き留めて欲しいという思いがあるんだろうけど、それを分かりやすくは出さない。ただ、最後までサインを出さないのかって言うとそうじゃなくて、死ぬ場所であったり、死ぬ方法を考えているときにそのサインが出ているんじゃないかと思う。亡くなったあと、見つけて欲しい思うけど、寒いところは誰も来ないんですよ。だから、暖かくて観光地である三段壁に来るんじゃないかと思う。誰も、寒いところには行きませんよ。寒い場所で、雪が降り積もっているところに人なんて行かないですよ。暖かいから来るんです、おそらくね。そういうところとして選ばれるんじゃないですか。
筆者　見つけて欲しいということですね。
Ｂ　迷惑をかけるけど、最後の生きた証のような……。

Ａ　三段壁には、監視カメラが付いていますよ。警察の人が飲みに来たときに言っていました。もちろん、三段壁にパトロールも行っています。二〇一六年には、町がそういうイメージを払拭させたいために、レッドブル社主催で飛び込みの世界大会「レッドブル・クリフダイビング二〇一六」を三段壁で実施したのですが、それでも、やっぱり拭えていません。

Ｂ　僕が言いたいことは、あそこへ行ったら死ねるっていう感覚で来ている人が多いということ。死にたくなったらどうするか。首吊りじゃなくて、ああいうところがあるからっていう感覚で行く人。前述した、知的障がいがあって「死にたい」って人を止めたときに話を聞いたら、「あそこ行ったら死ねるかなと思って」と言っていました。「行っただけでは死ねない」という話になるんですが、浅はかに考えて、三段壁に行けば死ねるという感覚があるのかもしれない。

初めての訪問だというのに、白浜町全体を概観しただけでなく、地域で生活する人たちの話を聞くことができた。地元の人にとっても、昔から「自殺の名所」として認知されていたことが分かる。そして、自殺志願者に会い、引き留めたという経験があったこと、さらには、Ｂさんの父親のように、釣りをしていて水死体を見つけるなど、聞くだけでも驚きであるが、実際に発見したシーンを思い描くと、想像を絶してしまう。

自殺を予防するためのパトロールや監視カメラの設置、そして自殺防止柵の設置などに加えて、

「飛び込みの世界大会」や「恋人の聖地」といったイメージチェンジを図りながら、町を挙げて三段壁での自殺者を減らす取り組みしていることはうかがえたが、まだ払拭するには至っていないようだ。

次は「白浜レスキューネットワーク」への取材となるが、それが実現したのは二か月後である。

NPO法人　白浜レスキューネットワーク（藤藪庸一《ふじやぶよういち》牧師）

白浜レスキューネットワークの概要

ホームページによると、「白浜レスキューネットワーク」（https://www.srnw.or.jp/）は、一九七九年四月に白浜バプテスト・キリスト教会の江見太郎牧師が「三段壁いのちの電話」を開始したときがはじまりとなる。一九九九年四月、藤藪庸一牧師（現理事長）が江見太郎牧師の活動を引き継ぎ、二〇〇五年一月に任意団体である「白浜レスキューネットワーク」が発足した。そして、翌年の四月に和歌山県より「NPO法人白浜レスキューネットワーク」としての承認を受けて、現在に至るまで活動を行っている。

藤藪庸一さんへのインタビュー（白浜バプテストキリスト教会牧師）

最初の訪問から約二か月後となる九月二七日に三段壁まで行ける時間が確保できたので、藤藪さんに連絡をしたところ、「いいですよ」と快諾をいただいたので、お目にかかるために和歌山へ飛んだ。

インタビューする日は二七日だったが、その前日に白浜町に入った。今回は、三段壁の近くにあるホテルに宿泊することにした。コロナ禍のため通常よりも安く泊まれたが、和歌山県民には全国旅行支援が適用されているためさらに安く泊まれるとのことで多くの県民が宿泊していた。家族やカップルという宿泊者が多く、ホテル内や食事会場の様子を見ていると、何となく孤独感を抱いてしまった。

翌日の朝、「白浜レスキューネットワーク」の藤藪庸一さんに会うために白浜バプテストキリスト教会（http://www.aikis.or.jp/~fujiyabu/）まで歩いて行った。前述したように、藤藪さんは白浜レスキューネットワークの代表であるとともに白浜バプテストキリスト教会の牧師である。多忙ななか、私のために時間をとってくれた。

宮古島のお土産を渡しながら、出身大学がバプテスト系の大学だったことを話すと、藤藪さんは、「そうですか、宮古島のバプテスト教会の〇〇さんを知っていますか？　知り合いですよ」

と穏やかに話してくれた。実は、私の幼馴染がバプテスト教会の信者で、小学校のころから一緒に教会へ遊びに行っていたので、少なからずつながりがあることに驚いてしまった。不思議なもので、たったひと言で初対面の人が身近に感じられてしまう。

雑談を少し繰り返したのちにインタビューをはじめているが、ここでは、①自殺防止活動、②生活困窮者への自立支援、③教育、という三つに分けて紹介していきたい。

自殺防止活動

まずは、「白浜レスキューネットワーク」について尋ねることにした。

白浜レスキューネットワークの藤藪庸一牧師

藤藪 今はNPO法人としてやっています。元々、教会で自殺予防の取り組みをやっていましたが、教会の会計でやるというのが難しくなりました。小さな教会ですから、最初は年間三〇万円の予算でやっていました。

二〇〇六年に法人化することにしましたが、そこからは、少しずつ支援してくださる方が増え、献金を送ってくださるようになりました。

筆者　三段壁における自殺予防の取り組みについて教えてください。

藤藪　一九七九年からずっと、三段壁に電話を設置し、立て看板を立てて、そこからかかってくる電話に対応するという「いのちの電話」をやっています。

普通の「いのちの電話」は、ルール上、危機介入とかしないし、名乗ることもありませんが、うちの場合は、自殺を考えて来た人が近くにいるという状況で電話かかってきますので、危機介入をするというのは、当然というか、当たり前というか、そういう前提で「いのちの電話」をやっています。

「いのちの電話」という名称は、基本的には勝手に使ってはいけないんですが、僕の前任である江見太郎先生のときに「和歌山いのちの電話協会」とのかかわりがあったので、「いのちの電話」という名称を使わせてもらっています。

体質的には、徳島の「いのちの電話」と似ています。徳

「いのちの電話」と看板

島の「いのちの電話」も実は教会がやっていまして、「介入も辞さない」という面があります。前述したように、全国にある「いのちの電話」の原則とは少し違った動きをしていますので、ちょっと外れている部分もありますね。

「いのちの電話」って、今はほとんどの都道府県にあるんですよ。ひょっとしたら、一つ二つ、もしかしたらまだ設置されていないところがあるかもしれませんが……。元々、東京の宣教師からはじまった活動ですが、全国に拡がっています。

「いのちの電話」の相談を受ける方の多くがボランティアの人たちで、生活とか、身の安全であるとか、プライバシーとかを守るという意味でも、かなりストレスがかかる電話を受けることになりますので、名乗ることはありませんし、相手にも名乗ってもらう必要がありません。それから、直接会わないということです。危機介入をしないというこの原則、僕は「ありだな」と思っています。

波名城（筆者）さんは「自殺防止センター」をご存じですか？　宮崎、大阪、東京などにありますが、西原由記子（一九三三～二〇一四）さんという牧師夫人がはじめたものです。

そこでは、自殺なのかどうなのか？　本当に死にたいのかどうなのか、ということについても電話で聞き、危機介入をするというやり方をしていますね。ちょっと言いづらいことですが、単に話を聞いてもらいたいだけ、という理由で電話をかけてくる人もいます。その場合、堂々

COLUMN

【 自殺防止センター 】

西原由記子の夫、西原明は、1966年より1998年3月31日までの32年間、大阪市心斎橋の日本基督教団島之内教会で牧師を務めた。この時期に西原夫妻は、関西いのちの電話の創設に参加した。そのなかから一部のメンバーと独立して、1978年に島之内教会内に「自殺防止センター（現大阪自殺防止センター）」を開き、24時間の受付対応を実施した。

1998年に上京し、日本基督教団シロアム教会内に「東京自殺防止センター」を開設し、所長を務める。その後、所属する国際団体の団体名の解消に伴い、同施設は「国際ビフレンダーズ・東京自殺防止センター」と改称した。

めぐりの話がずっと繰り返されます。

そういう電話に対しては、少し距離をとるという対策をしながら、本当に大事な、今死のうとしてる人と出会うために電話を受けるという活動を「自殺防止センター」はやっています。ある意味、すごいなあと思います。ちゃんとスタッフを教育して、二四時間、それに対応しているわけですから。

筆者　先日（一回目の訪問時）、地元の人から、三段壁における電話の表示場所が変わったと聞いたんですが……。

藤藪　看板ですね。二〇〇六年から、三段壁では自殺対策に行政が本腰を入れはじめました。自殺対策基本法とかができて、その過程のなかで三段壁のイメージチェンジを図っていくという白浜町の方向性もあります。僕らは、なんというか、白浜町の方向性に異を唱える気は全然ないので。

町は今、「恋人岬」として三段壁を宣伝しています。そこにうちの看板があるとギャップがすごすぎて、行政から「看板を移動してもらえないか」という話が来ました。僕は「いいですよ」と答えました。それで、入り口、中程にある公衆電話の横、三段壁の両サイド、それから真ん中あたり、遊歩道のところに看板を五つ設置しています。これまで一番飛び込む場所、本当にそういう行為に及ぶ人が多かった絶壁のところにあった看板は移動しています。

電話ボックスに貼られているメッセージ

町挙げてのイメージチェンジという戦略のなかで、自殺志願者がかける電話も移動させられていた。しかし、「撤去するように」と依頼されなかったということは、町としてもその必要性を感じているからであろう。本書で取り上げているほかの「ハイリスク地」も同じである。

次に、飛び込みが多い場所について尋ねてみた。

筆者　飛び込みの多い場所について教えてもらえますか？

藤藪　一番飛び込みが多いところは右のほうですね。突き出た展望台がありますよね。あそこから正面を見ると、一番高いというか、一番手前というか、飛び出た湾のところですね（以前に撮影した写真を藤藪さんに提示した）。この先から、こっちの看板の裏ぐらいに見えるところですね。こっち側に崖があるはずです。チェーンが張られているところですね。あそこが多かった。今はちょっと変わってきましたけど。

この展望台の、このあたりに鎖があって、入っていくと洞穴があるんですよ。石が出ているこのあたりに絶壁があって。穴に入るというよりは、この石の上に落ちます。海に落ちると助かる可能性がありますし、浮いている姿が見えます。

筆者　なぜ、三段壁に自殺志願者が来るのでしょうか？

藤藪　イメージがついてしまっているんでしょう。新聞記事とか、三段壁にある「口紅の碑」（**コラム**参照）が理由で

かつて飛び込みが多かったと思われる場所

COLUMN

【 口紅の碑 】

白濱の海は　今日も荒れてゐる
一九五〇・六・一〇
定一
貞子

と、岩に文字が刻まれている。1950（昭和25）年6月10日、大阪府堺市に住む大西定一（22歳）と須藤貞子（18歳）がこの地で自殺をしている。

定一は先妻の子で、貞子は現在の妻の連れ子であった。お互いが連れ子同士なので結婚はできたはずだが、それを知らなかった2人は、許されない恋と厭世観が理由で心中してしまったという。

©Psychiatric Social Worker

岩には、許されぬ愛を育んだ2人の愛を誓う言葉が口紅で書きつけられていた。2人の思いが成就するようにと、友人が人に頼んで、翌年の同じ日、口紅に沿って岩に文字を削ったと言われている。

しかし、案内板の英語表記は、「Shirahama love story」となっている。本文にもあるように、白浜町は、「三段壁は2人が永遠の愛を貫いた場所」として、恋愛成就の場としてアピールしている。

しょう。昭和の初めころから、そういう場所として認識されていたと思います。
やはり、地元の方が多かったと思います。そこから、周りへ広がっていったということです。ご存じのように、ここは観光地なんです。とくに関西地区から訪れる人が多いですね。もちろん、東京からも来られます。観光客として来られた方は、やはり三段壁を見ますし、語り部さんというか、観光案内をされてる方も過去の事件を例に挙げて案内をされていました。そういう時代があったんです。
私は一九九六年にこちらに帰ってきて、一九九九年に牧師を完全に引き継いだんですが、その時点ではもう充分有名になっていましたね。僕らが活動する前は、本当にすごい数の方々が年間に亡くなっていて……。僕らが活動をはじめて四〇年になりますが、毎年一〇人前後ですから、ずいぶん減っているように思います。

筆者　どのような方が自殺に来ますか？

藤藪　全国から来られます。北海道の方もいましたし、沖縄の方もいました。でも、みなさん、そこから直接来てないかもしれません。どこか別のところに行ってからここに来るとか……。沖縄で悩んで、本当に行動しようと思って、飛行機に乗ってここまで来るという人はいないでしょうね。電車を乗り継いでこれる方は直接来ます。
先日、「青木ヶ原樹海に行ったけどうまくいきませんでした。東尋坊にも行ったけどうまくいきませんでした。今回は三段壁に来ました」と言っていた人がいました。また、「近所にあるビルの屋上に上ってみたけど、うまくいきませんでした」と言っていた人もいました。
こっちだったらうまくいきそう、と思うってことは、その都度その都度、何かきっかけとなることがあるんでしょうね。思い詰めたりして……。

三段壁にも、全国から自殺志願者が訪れていた。一つの特徴として、三段壁を訪れる前に本書で取り上げている青木ヶ原樹海や東尋坊といったいくつかの地点に行き、死ぬことを躊躇い、三段壁にたどり着いていることが挙げられる。つまり、自殺志願者は、その場所を探してスポットをめぐっているということである。当然、三段壁が終着地点とはかぎらない。

筆者　年間の保護件数は何件くらいでしょうか?
藤藪　保護してる数は、年間で四〇件ぐらいです。警察も同じぐらい保護していると思います。何回か来る人もいますね。来ても、思い切ることができずに帰られる方がいます。
筆者　自殺される方の時間帯というのは決まっていますか?
藤藪　夜から明け方です。白昼に飛び込んだというニュースはあまりないですね。昼間に行くと完全に観光地なので、さすがにできないでしょう。今はイメージチェンジをしようと思って、イルミネーションが飾ってあったりするんですが、中に入っていくと真っ暗です。誰もいない感じになりますね。

筆者　そうですか……。では、自殺予防策について教えてください。

藤藪　三段壁は、夕方五時か五時半には施錠されます。カメラを警察が設置し、二四時間監視しています。あと、自殺防止のためだけではありませんが、三段壁の洞窟の方が三段壁全体を二四時間写してますね。観光客が一八〇度で見れるワイドビューになっており……ネットでも見れます（インタビュー時は見られたが、現在は「調整中」と表示されて見られない）。

チェーンが張られているところにあるカメラは、警察が取り付けたものです。夜、あの近くに行くと電気がつくようになっていて、音声が流れるようになっています。臨時の派出所もありますが、警察官がパトロールに行くときに寄っているだけで、常駐の警察官はいません。一日に五回

洞窟から見る風景

夕方には施錠される

自殺防止の柵

臨時交番

監視カメラ

ぐらい、三段壁までパトロールに行っていると思います。

筆者　藤藪さんらが行っているパトロールについて、詳しく教えてください。

藤藪　何年か前までは曜日を決めて担当者が行っていましたが、最近は、私自身が行けていません。朝の五時から六時の間に行ったら、誰かがいるかもしれません。水曜日はうちのスタッフが一人、自身の判断で定期的にやっています。元々は、社会福祉協議会、警察、和歌山県、白浜町が参加してパトロールを行っていました。

筆者　町を挙げて、どころじゃないですね。自殺志願者からの相談ですが、どのような形でこちらに届くのですか？

藤藪　こちらにつながる場合は電話が多いですね。直接本人からかかってくる場合もありますし、警察や行政からも回ってきます。「気になる人がいます」と言って、お土産屋さんとか観光客からの通報もあります。いろいろですよ。

たまに、夜中にかかってくることもあります。その場合は本人ですね。臨時派出所の中に直通電話を警察が設置しているので、その電話を使うか、最近は自分のスマホでかけてくる人もいます。

電話の件数は多いですよ。何回もかけてくる人の電話までカウントすると、分からないぐらいかかってきます。コロナ禍の前は、それはもう大変でした。「ここにおいで」と言って、その人が電話をかけてきたところ（県外）から、ＪＲを使って白浜駅まで来てもらうというケースもいっぱいありました。運賃はこちらで支払います。ＪＲ白浜駅には、乗車許可証なるものを発行してもらっています。でも、コロナ禍になってからは、それがちょっとやりづらくなりました。それが理由で電話相談が増えて、本当に大変でした。何といっても、電話の場合は二四時間つながりますので。

私自身が病気になってからは、四人が助けてくれるようになりました。だから、曜日によって電話を取る人が違います。三段壁からの電話はだいたい月に二件か三件ぐらいで、多いと四件ぐらいですね。

筆者　三段壁から電話があったときは、どのように対応しているのですか？

藤藪　「なんで死にたいのか」とは尋ねないです。基本的には、「今どこにいますか？」と聞いて、遠いとなると話を聞くことになります。もし、三段壁にいる場合はすぐに会いに行きます。そのほうが早いので。

「○○にいてください」と言って、「僕は車で行きます。車は○○です」という話をしてすぐに向かいます。到着しても、私は車から降りません。その人に近づいて、助手席の窓を開けて、「よかったら乗ってください」と言って、連れて帰ってきます。そして、そこから考えます。

もちろん、車の中でも話をしながら考えています。「しまった」と思ったり、しんどそうだなと感じたり、いろいろですね。受け入れづらいなーと感じるときもありますが、私のなかでストンと納得できるものというか、その人の本音が聞けたら「受け入れる」ことにしています。

逆に、なんか斜に構えているなーとか、何かを隠しているなーとか、威圧的なもの言いだったり、作為的なことを感じるときには考えてしまいます。正直、困ったなあーと思いますね。白浜駅から電車に乗せるかとか、警察に連れていって保護してもらうとか、いろいろと考えます。

ちなみにですが、「信仰で治せ」、「信じたら治る」とか、そんなことは絶対に言いませんよ。

精神疾患のある方については、隣の病院（はまゆう病院）には精神科がないので、「紀南こころの医療センター」を紹介し、予約を取ったうえで一緒に受診しています。

筆者　それでも死にたいという人には？

藤藪　行政につないだり、医療機関につないだりしますね。

藤藪さんの教会。左が「はまゆう病院」

危機介入としては、希死念慮《きしねんりょ》（自殺念慮）が高いとなると、保健所とかに入ってもらって入院させることになります。仮にうちで引き取っても、二四時間ずっと見守ることはできませんので……。危険が伴うと思われる場合は、やはり保護してもらえるところにつなぐしかありません。もちろん、保健所も協力的です。基本的には、どこともいい関係を維持しています。

筆者　年齢や性別によって違うでしょうが、どのような方が相談に来られますか？

藤藪　昔、僕が継いだころは四〇代後半の人が多かったです。そこから、その年代の人たちが、たとえば五年経ったときには五五、五六歳の人が多かった。その五年後には、六五歳前後の人たちが多かったですね。なので、団塊世代が多いのかなと思っていました。

僕のところではそんな感じでしたが、全国統計的には、一〇代、二〇代、三〇代、四〇代の死因の一番が自殺ですよね。コロナ禍になってからは、二〇代、三〇代の人が増えてきました。あとは、大学生とかですね。

もう一つ、生活保護をもらっているんだけど、死にたくなったという人が多いです。要するに、虚無感です。せっかく生活できてるのに、楽しくないとか、面白くないとか、生きていてもしょうがないといった理由の人が多いですよ。

性別に関しては、これまでは七対三で男性が多かったのですが、最近では六対四ぐらいの割合で、女性の割合が増えてきているような気がします。家庭の問題とか夫婦間の問題が増えたからでしょう。家族間や夫婦間の問題、つまり離婚であったりとか、親子間の暴力が理由で女性が行き詰ってしまうケースがあるようです。

二〇代、三〇代の場合は、将来の希望がもてないという理由が多いです。仕事が継続できない、何かをはじめたのにすぐに辞めてしまう。そして、それを繰り返してしまう。そうすると履歴書に、数か月ごとに「辞めた」と書かなければならないような人生を前にして、生きる自信をなくしてしまうようです。

自分に自信がない、積み上げてきたものがない、自分が社会のレールから外れたと感じているわけです。発達障がい系の人に多いのですが、人とのかかわりにおいて難のある人が多いですね。

筆者　相談者への支援ですが、具体的にはどのようにされていますか？

藤藪　基本的には、うちの共同生活に入れるか入れないか、を決めます。第一印象もそうですが、その人をどのように受け入れるのかと、一番悩みますね。結局のところ「丸抱え」をするしかない人が多いので、私の妻であったり、家族であったり、ほかの共同生活者とうまくやっていけるのかどうかがすごく重要となります。そして、私自身の覚悟が決まるのかどうかというプレッシャーが強くなります。

受け入れるということに関しては、これまでたくさん経験してきましたから、それほど悩みません。ちょうどいい距離感とか、自分なりになんかこう、侵されないというか、これ以上入って来させないという身についた何かがあるので楽になった部分もありますが、その人がほかの人と上手くやっていけるのかどうかについてはすごく考えてしまいますね。

もちろん、うちでやり直すのがいいのか、家に帰ってやり直すのがよいのかについても考えます。帰ってやり直すほうがいいとなると、やはりその方向に進めますし、ご自宅の近くにある受け入れ先を探したりもします。

筆者　それらの対応をするとなると、お金がかかりますよね。ハイリスク地における対策事業はどのようになっているのですか？

藤藪　和歌山県からは九〇〇万円ぐらいをもらっています。白浜町からは五〇万円ぐらいですね。NPOの会計予算としては、年間五〇〇〇万円ぐらいなんです。そのほとんどが、私らがやっている「まちなかキッチン」における収益です。

元々、ないならないなりに、あるならそれを活用して、という形でやってきました。自殺対策基本法ができたおかげで、行政がたくさんの助成金を出すとか、委託金を出すとかという形で多くのNPOができたと思いますが、自分たちの力で回せるものをもたないまま行政からお金をもらうという支援活動のグループが増えているように思います。

実は、そのことにすごい危機感を抱き、一〇年ぐらい前に「弁当屋」をはじめたんです。その前から収益事業をはじめたいと思っていましたが、その理由は、自分たちがやりたい活動をするためです。行政のお金は全部色が付いています（つまり、支出目的が限定されているということ）ので思うように使えませんし、お金が届くのはあと、三か月遅れぐらいで届くので、今必要とするお金がないわけです。

うちの年度末は九月ですが、行政の年度末は三月です。三月に本当に必要なお金が、五月とか六月に届いたりするわけですよ。だから、あまり期待をしていないんです。それに、期待すると落胆もあります。法律の改正が理由で削られるとか……いろいろありますから。

そういうことに一喜一憂しないようにして、自分たちのやりたい活動のために自分たちで働いて稼ぐ、ということがなんとなくできたかなと思っています。

とはいえ、県と町を合わせたら一〇〇〇万円近くになりますので、それはすごいありがたいですね。基本的なところは事業のなかに組み込まれていますから。それ以外にも、医療費の一〇割負担とか、使わざるを得ないところがありますので、行政からのお金があるというのは本当にありがたいです。

ここまで自殺防止活動についてインタビューをしてきたわけだが、私はここで大きな違いに気付いた。青木ヶ原樹海（第２章）や東尋坊（第４章）の自殺防止活動の中心は、パトロールによる「声かけ」であった。しかし、三段壁では、もちろんパトロールもあるが、「白浜レスキューネットワーク」では自殺志願者からの電話相談がメインとなっている。つまり、パトロールによって見つけられるという「受け身」ではなく、自分から進んで「助け」を求めているという点が特殊であると言える。

設置されている電話や立て看板が、生きるか死ぬかと迷っている際、「生きる」という選択の後押しとなっているのだろう。確かに、自殺志願者が電話をかけたときに「飛び下りてもいいですよ」と言われないことは予測できるし、どこかに「生きたい」という想いがあり、その後押しとなる言葉をもらうために電話をしているのではないだろうか。

生活困窮者への自立支援

先ほど藤藪《ふじやぶ》さんは、「共同生活に入ってもらう」という話をしていた。その共同生活は、いったいいつまで続くのだろうか。電話でつながった人に対する自立支援について話をうかがうことにした。

藤藪　現在、取り組んでいる事業として、一つ目が今日お話ししている自殺防止活動です。三段壁をはじめとして、かかってくる電話相談に対する危機介入までが一つ目の事業です。二つ目は、そこで保護した人たちをどのようにして社会に戻すかです。やっていることは、生活訓練と職業訓練、それから弁当屋の経営だったりします。来られた方々の管理をして、お金を稼いでいるわけです。

それ以外に、農業もやっていますよ。小松菜とかをつくって売っています。こういうことは、うちで生活しはじめた人たちが自立していくための訓練としてやっています。一緒に働いてみて分かってくることがいっぱいありますし、その人たちの問題点も見えてくるという感じですね。さらに、フードバンクとかフードドライブもやっています。まあ、弁当屋をはじめた理由も同じですが。

現物支給が一番、というのが私たちの考えです。だから、お金を渡すことはほとんどなく、すべて現物支給です。お金を払う場合は、すべて領収書もらったものにかぎっています。

小さい町なので、うちでやってる活動がだんだんと浸透してきたということもあります。たとえば、病院にその人を行かせても、「あとで僕が払いに行きますから」と病院に電話すればOKですし、薬屋さんも同じです。相手も、「そうですか」と言って、ちゃんと薬を渡してくれます。だから、その人にお金を渡すということはほとんどないですね。

筆者　生活困窮者に対する自立支援もされていますよね。

藤藪　はい、生活困窮者への支援もやっています。うちの事業として、生活自立支援のなかにそういうことが入ります。就労支援もしていますし、生活支援も行っています。

筆者　借金やお金の問題については、どのように対応されていますか？

藤藪　お金については、法テラス（日本司法支援センター、二一九ページ参照）だったり、無料の弁護士相談にも行きますし、私の知識で分かる範囲で一緒に解決しています。

必需品については、やはり現物支給ですね。支払いが伴うものについては、私が話を聞いて、納得できれば払います。もちろん、うちの会計でやっています。たとえば、何も持ってない人というのは、医療保険にも入っていませんし、健康保険にも入っていないので、「ちょっと熱が出た」という場合に病院へ行ったら一〇割負担となりますが、その費用もうちが払っています。そこはケチるところではありませんから。

ただ、嗜好品だろうというものに関しては厳しいです。言うまでもなく、お酒とかです。もし、携帯を持っていてその料金が払えなくて、「何日で止まってしまいます。どうしましょうか？」と言われたときには、「もう、止めるしかない」と言っています。

だけど、病院代に関してはそんなことは言いませんし、必要なものに関しては、一緒に行ってちゃんと買うし、就職面接にスーツで行かなければならないとなれば、スーツも買います。もし、もらったもので間に合えば、それを着てもらいますが……。

いずれにしろ、さまざまなパターンがあり、必要なものはそろえますが、必要じゃないものに関しては「ごめん」と言っています。そこは、はっきりしています。

筆者　共同生活を送るところはどのようになっていますか？

藤藪　共同住居があります。今は一四人ぐらいいます。一人の部屋もありますが、できたら二人部屋にしたいと思っています。一番多かったときは二六人ぐらいでした。そうすると、すべて二人部屋ですね。就職してからもここから通うんですが、寮があると引っ越せますから、うれしいですね。あとは、一〇〇万円ぐらいを貯めてもらって自立を考えます（お金については後述）。

生活困窮の枠組みでもらってる補助金は、食費とか電気代という、共同生活の費用として使っています。あとは、スタッフの給料とかです。もちろん、一時生活支援事業にも入っています。でも、自殺対策関係って感じになるので、障害福祉課から出ているようです。

早い話、行政も困った人を滞在させるという場所がないんです。和歌山県だと橋本市（県の北東端）のほうに自立支援の救護施設がありますが、定員がいっぱいになると入れませんので、救護施設的な役割をうちの共同生活に求めていると

共同住居

ころがあるようです。そのくくりで、補助金が出ています。

だから、行政も困ったら、「この方を預かってもらえませんか?」と言ってきます。要するに、普通の生活困窮者と同じです。基本的に、僕らが断ることはありません。

筆者　共同生活者の住民票についてはどのようにされていますか?

藤藪　多くの場合、教会に住民票を移しています。だから、うちに何人も住んでいることになっています。先日、就業なんとか調査というものがありました。ランダムに選んでいるようですが、うちから三人も選ばれていました(笑)。

筆者　生活保護(一二三ページ参照)への受給については、どのようにお考えですか?

藤藪　やはり、高齢者になると生活保護は必要ですね。ただ、うちにいながら生活保護をもらっていうのは、ほとんどしたことがありません。というか、したくないですね。うちの丸抱えで、うちで生活できているじゃないかとなるのに、生活保護の申請をしたいというのはどういうことだと、私はその人に言うでしょうね。

本当に多いですよ。生活保護をもらいたいという人は。でも、甘いと思います。ただ、すぐにつなげなきゃいけない人っていうのは、やはり高齢者だと思います。

あとは、持病をもっていて、すべてをなくした人。うちに来た人に関しては、やはり定期的に診察を受けてもらう必要があります。糖尿病など、いくつかありますよね。たとえば、今いる七四歳の男性についていえば、行政にすぐ電話をして、担当者にうちに来てもらい、「とりあえず、医療費だけ保護を出してもらえないか」という依頼をしました。生活はうちでできているから、医療保護だけをもらうという感じです。そうすると、うちが支払う医療費の一〇割負担がなくなるわけです。

基本的に私たちは、「自分たちで責任をもちますよ」というスタンスですし、行政の人たちも、丸投げをしようとは思っていないでしょう。お互いの信頼関係があり、行政のほうから「これはうちで払います」と言ってくれれば、私たちも「これはこっちでやるよ」と言えます。

基本的にうちでは、生活保護には流さないとみんなが思っているはずです。とはいえ、いろいろなＮＰＯがいっぱいあります。生活保護をもらって、家賃分だけを取って、残りは対象者の生活費として渡す――これだと良心的ですが、ひどいＮＰＯになると、小遣いとして二万円か三万円ほど渡して、あとは全部ＮＰＯの資金にするというところもあります。こういう話を聞くと、ガッカリしますね。

確かに、権利と言えばそうなんですが、その人たちがもっている権利を主張しているにすぎないわけです。でも、弊害が大きいと思います。その人たちの責任とか、その人たちが果たしている役割が見過ごされてしまうという感じがします。

私は、そういう形態が好きではありません。すぐにばれるようなことは……。いや、本当にばれると思いますよ。でも、世の中の風潮がそういう感じになっているようなので、行政もやりづらいと思いますね。行政からすれば、権利を主張されると断れません。支援している人たちも、「それでいい」と思っていたりするので非常に困ります。

かつて、派遣村というものがあったとき、生活に困窮している人々に「普通の生活をするために生活保護を受給することも必要」と伝えても、「恥ずかしい」とか「人様のお金で生きるわけにはいかない」といった理由で「生活保護はもらわない」と言う人が多かったので、受給してもらうために説得していました。しかし、最近では、僕らがかかわってる人たちのなかには、向こうから「こういうふうに助けてもらうと助かります」とか「こういう風にしてもらえると思いました」といった声が聞かれるようになりました。とはいえ、生活保護だけじゃなくて、保護されることに関して不満を言われることもありますよ。

筆者　時代によって、考え方が変化しているということでしょうか。ところで、相談する人の多くは、踏み留まって電話をかけてきたのでしょうか？　それとも、電話をしたら助けてくれると思っているのでしょうか？

藤藪　両方あると思います。本当に、人は変わってきていると思います。とくに、ここ最近は。いや、この一〇年ぐらいは。変わってきている相手に対して同じことをやっていたら「いいことはない」と私は思っています。「助ける義務はない」とみんなによく言っています。好きにやりたいんだったら、早く出ていって欲しいとも思っています。

筆者　現在ですが、発達障がいを抱えている人も増えているのでしょうか？

藤藪　確かに、そのような人たちが増えていますね。彼らへのかかわり方もやはり大変です。重い自閉症の方だと分かりやすいですが、軽い人だと普通に見えますから。でも、自己中心的に見えますし、そういう言葉だったり、態度だったりで、人間関係をうまくつくれない人がいっぱいいます。通訳を必要とするほどです。しかし、そういう資格をもっている人がうちにはいません。高野山大学（和歌山県）の心理士が月に一回来て、心理テストをしてくれています。

筆者　となると、地域に住んでいる人との関係はどうですか？

藤藪　いろいろな人が住むことになりますので、近所の人は「気持ち悪い」と感じている方もいるようです。当たり前ですよね。前日までいなかった人が、突然、次の日の朝にいたりするわけですから、それは「いや」だろうと思います。それだけに、本当にみんなの理解があってこそ成り立つと思います。

近所では、すれ違う人全員に挨拶をするように言っています。向こうが挨拶してくれなくても挨拶をしなさい、という感じですね。挨拶一つで雰囲気が変わります。

そして、自分の家や部屋だけでなく、周辺の掃除をしています。近所の人はよく見ていて、草刈りをしていると、いつも「おおきに」と声をかけてくれます。そんな言葉が言いやすい関係ができています。信頼してくれると、高齢者が多いせいか、「家のタンスを動かすのをちょっと手伝ってくれ」といった依頼も来ます。もちろん「はい」と言って、手伝いに行ったりしています。五〇代とか四〇代の人たちが頼りにされています。

筆者　個人のお金については、どのように管理されていますか？

藤藪　個人のお金は金庫で積み立てています。自分で帳簿をつけてもらい、毎月、必ずその帳簿と現金を数えてもらっています。もちろん、「ない」という状態にならないようにです。必ず一緒に数えて、「どうだった、ちゃんとあったか？」と聞いています。

働きはじめると、お小遣いもあります。その上限は一万円としています。土曜日の夜と日曜日の昼かな、それぞれが食べに出掛けてもいいようにです。でも、台所にはちゃんと食べ物を置いています。まあ、息抜きにどっかへ食べに行きたいという人もいますので、そのためとして月に六〇〇〇円という食費も渡しています。

毎月五日、みんなの財布には最大一万六〇〇〇円が入ることになります。それ以外の必要なものは相談しながら決めて、残りは全部貯金しています。「僕の小遣いは一万円もないから、みんな、絶対僕よりお金持ちやで」と言っています。少しずつですが、そうやってお金を貯めて、一〇〇万円貯めたとか、二〇〇万円とか、長くいて三〇〇万円ぐらい貯めて、借金を返したという人もいます。

最近は、スマホなんかで仕事が見つけられるので、派遣みたいな仕事にアルバイトとして一日だけ行くわけです。そうすると、銀行口座にその日当が振り込まれます。まあ、時給一〇〇〇円で、三〇〇〇円ぐらいが振り込まれるわけです。それを、正直に言う人と言わない人がいるんですよ。しかし、働きに行ったことは分かるわけです。必ず、その日その日の予定がありますから。

「あれ、給料どうなったの？　いつ振り込まれるの？」と私が尋ねる前に報告してくる人は信用できますが、言ってこない人は、こっそりと引き出して、自分の欲しいもの買っているわけです。そうすると私は、「いい加減にしろ！」ということになります。

生活において必要なものは全部うちに出させて、自分が稼いだお金に関しては「自分のものだ」と言うのは心得違いです。この点は、はっきりさせたいですね。確かに、自分で稼いだお金でしょうが、そのお金が手元に残るのは、うちが必要なお金出しているからじゃないか、ということです。

実は、「共同生活心得」（**表3－4参照**）というのがありまして、それを読めば、このようなことが全部書かれています。一緒に読んで渡して、最終的には誓約書（**表3－5参照**）も書いてもらっています。要するに、この心得に同意するということなんですが、「もう一度読み直せ！」という話です。

表3－4　共同生活心得（2023年1月改訂版の一部抜粋。全文は5ページにも及ぶ）

基本姿勢

ここは教会である

・神様がすべての人を愛され、すべての人の救いを望んでおられる。そして、わたしたちはイエス様に倣う者だから、この活動を行っている。
　箴言24章11節「死地にひかれゆく者を助け出せ、滅びによろめきゆく者を救え」
　先代の牧師江見太郎師に与えられた「いのちの電話」のヴィジョンは、この御言葉による。

・ここに滞在する者は、神様を意識するべきである。もしも信仰がなければ、この働きは成し得ないからである。

ここは自立を目指す場所である

・ここはあくまで苦しみを乗り越え、自立を目指すための場所である。それだけに、真剣に自立へ向けた取り組みをするべきである。必要最低限の物で生活し、嗜好品の類は慎むべきである。足らない中での生活を志すべきである。

・ここは成長するための場所である。自分のこれまでの生き方を否定されることを覚悟し、ここでの生活の価値観に自らをはめ込み、生き方を学ぶことを志すべきである。ここでの忍耐が必ず自立後に役立つと信じるものである。

ここは支援者あっての場所である

・ここの運営は、教会とNPO、そして近隣住民の理解があってこそ成り立つものである。そして運営費は、多くの方々の支援で賄われている。この現実を踏まえ、自らの衣食住が支えられていることに感謝すべきである。

表3－5　誓約書

誓　約　書

私は、自立するまでの間、共同生活心得を堅く順守すると共に公序良俗に反する行為を一切行わないことをここに誓います。

平成　　　年　　月　　日

滞在者氏名　　　　　　　　㊞

ちなみに、「お金はうちの金庫で預かる」と書いてあるんです。毎回毎回、銀行からお金を下ろすと手数料がかかるでしょう。だから、まとめて下ろしてこい、と。「そうすれば、手数料も大してかからないから」ということまで言っています。

筆者　人によって違うでしょうが、共同生活から出ていく理由はどのようなものですか？

藤藪　出ていくのは、就職などが理由です。あとは、ここでの生活が我慢できなくて出ていっちゃう人も時々いますが……。今までに、僕が追い出した人は一人だけです。みんなと賭け事をしていたというのが理由です。

筆者　賭け事ですか……。

藤藪　そうですね。でも、考えたら一人だけなんですね。ほかに、仕方がないなーと思って送り出した人が何人かいますが、まあ、その人たちの考えもありますから。

筆者　話が前後しますが、元々住んでいたところから教会へ住民票を移すというタイミングはいつなのでしょうか？

藤藪　住民票を移すタイミングは難しいですね。すぐに移すことはないです。就職が決まったり、少しずつ収入が落ち着いてくると、「そろそろ移そうか」という話をしています。でも、移したことではっきりすることもあるんです。借金や滞納があったりすることです。

初めから困っていることを全部言ってくれる人もいますが、隠してる場合もいっぱいあるので、結構ゆっくりやっていますね。本人のタイミングを待つという感じですね。信頼関係をつくるほうが先ですし、私も、助けてやろうって思えるかどうか、そのあたりが大事です。

ここまで頑張って、住民票を移した途端に借金の取り立てが届くようになるといったことが実際にあったんです。全員にあるような気がしますが、本当に多いんです。そうなったとき、「最初から言えよ」と言う場合もあります。

基本的には、こういうトラブルから逃げないようにしたほうが気分は楽になります。解決の方法を一緒に考えていく際、収入が安定すれば、それを使っての解決方法もありますが、無理だと判断して「自己破産」をするにしても、法テラスの費用を払う必要がありますので、前述したように、弁護士などに相談に行っています。

「白浜レスキューネットワーク」の自立支援では、衣食住だけではなく働く場所まで提供し、貯金し、彼らの生活再建も含めた、自立に向けた支援が展開されている。また、挨拶などを通じて地域住民と顔なじみとなり、地域にとって必要とされる存在になることは、団体のことを地域に知ってもらうだけでなく、本人自身も肯定され、生きる活力にもつながるだろうと感じられた。もっとも、後者については、自殺志願者にかぎった話ではないが……。

このあと、最後の柱となる「教育」に尋ねている。

教育について

筆者　当然、生活困窮者とならないように社会全体で教育をしていく必要があると思いますが、この点についてはどのようにお考えですか？

藤藪　もう一つの柱、それが教育です。自殺予防のなかには教育が入っていますが、子どものころからどのように育てていくのかということがすごく重要です。自殺防止の一番のカギ、と思っています。

何かしら欠けていることがあったり、満たされないものがあったりすると……別に、親の責任だと言ってるわけじゃありませんが。でも、本当に小さいときからいろいろな意味で問題を抱えている家庭の場合は影響してくると思います。私は、そんな子どもにかかわりたいとも思っています。絶対に有効な対策が取れる、と思っているんです。

学童保育や自然体験教室といったことからはじめました。あとは、夏休みの「居場所づくり」です。最近は、「福祉食堂」とか「子ども食堂」と呼ばれていますが、二〇年近く前から、夏休みにご飯が食べれない子どもへお昼ご飯を提供しながら宿題を手伝っています。放課後デイサービスじゃないけど、今で言う学童保育みたいなことを夏休みにずっとやってきました。

一日一〇〇円で、朝から晩までうちにいるんですよ。行政の学童保育がはじまってからも、ずっと来てくれている子どもがいます。今もやってますよ。今年も、五四人が登録してくれました。全員、田辺市と西牟婁郡《にしむろぐん》周辺の子どもです。

きっかけとなったのは、二〇年ほど前、ある小学校の校長先生から、「学校に二人ほど、夜ご飯が食べれないと思われる子どもがいるんだが、何とかならないか」という相談があったことです。すぐに、その子どもたちにご飯を食べさせる企画を考えました。本当はその二人だけを呼べば簡単なんですが、もう少し目立たない方法がないかと思い、周りに呼びかけたんです。「夜ご飯つきの居場所をつくります」という感じで。

そしたら、驚くほどたくさんの子どもたちが来てくれたんです。とにかく、丁寧に宿題を手伝ったり、夏休みの自由研究を一緒にやるとか、読書感想文を書くとか、丁寧にやっていると周りから高評価されるようになって、いろいろな人が来てくれるようになりました。

筆者　それは素晴らしい！　今後の自殺対策における課題についてはどのようにお考えですか？

藤藪　今、僕らが抱えている課題は、次の世代をどのように育てるか、です。五〇歳になりましたが、私自身が病気になったことが大きな理由です。以前ほど自由に動けないし、働けるのはあと一〇年ぐらいかと考えると、やはり後継者の育成ということがメインテーマとなります。ちゃんと次につなげていく。どのようにして、この活動を継続させながら、もっと充実させられるか……。通信制の高校をはじめて三年目なのですが、この高校を定着させるまでにはもっと時間がかかるだろうし、協力してもらえる先生方をもっと増やす必要があります。

筆者　通信制の高校まで運営しているんですか?!

藤藪　はい、その理由は簡単で、白浜町には高校がないんです。高校に進学するとなると、一番近くても田辺市まで行かなければなりません。不登校の子どもだと本当にしんどいですよ、高校への進学は。

昔から高校をつくりたいと思っていたんですけど、ハードルが高すぎて……何とかしたいと思って、島根県の学校と契約したわけです。島根県に「明誠高校（https://meisei-ship.com/）」という高校があるのですが、そこには広域通信制課程があり、「和歌山白浜ＳＨＩＰ」という名前で分校扱いにしてくれました。そこのカリキュラムを全部もらって、高校の卒業単位がもらえるようになったんです。

体育なども、スクーリングの先生が来てくれたりとかして、明誠高校が協力してくれています。もちろん、うちだけじゃなく、分校が結構たくさんあります。

今、私たちが頑張らないといけないのは、今の一年生が二年生になったときのことです。もうちょっと先生がいるなあとか、教室をどうしようかなどです。また、スクーリングに関しては高校の教員免許をもっている人が必要なので、いろいろな人の協力を仰いでいます。今は、退職された人で、高校の教員免許をもっている方に協力してもらって授業が成り立っていますが、やはりもう少し必要ですね。

スクーリングですが、うちの教会はスクーリング会場にならないので、廃校になっている小学校を白浜町から借りて使わせてもらっています。日頃はここでやっていますが、正式なスクーリング日程や設置基準というものがあるんですよ。スクーリングだけでなく、テストスクーリングもその小学校でやっています。年間に十数日だけ借りています。

次の世代を育てるためにやっているわけですが、やはり高卒の資格があって、自分の夢について考えられるような道筋をつくりたいですね。それと、社会性です。基礎学力と基礎体力と社会性、これに尽きると思っています。

今、在校生は三人です。二〇二三年の三月に初めて卒業生が一人出て、初めての一年生を迎えました。というのも、三月に卒業したのは三年生からの編入でしたから。

名前だけですが「学生寮」もあります。三月に卒業した子どもは、二年間にわたって午前中はうちでバイトをして、午後から授業を受けていました。この子どもは、兵庫県からここに来ました。親の経済力とか親の考えとは関係なく、自分の願いで、気持ちがあれば、道が開けていく——そういう空間をつくりたいですね。

いまだに日本は学歴社会であると考えられる。引きこもりや家庭の事情で進学できなかった場合に高卒の資格を取ろうしたとき、都会であれば、高校はもちろんのことフリースクールや通信制高校などが充実している。しかし、過疎地などにおいてはそれらが少なく、学校の統廃合によってさらに高卒の資格を取るためのハードルが高くなっている。

私が行っている離島研究とも重なる部分があるが、離島においては家から高校までが遠く、障がいなどがあるために通えないという子どもの進学について相談されたこともある。現在、九五パーセントを超えるという高校への進学率を考えると、日本全国どこであれ、それが可能となる環境が必要となる。

各地方自治体のトップは、この問題についてどのように考えているのだろうか。本書の主題となっている自殺志願者を減らすためにも、必ず必要となる環境設定であろう。

こんなことを考えながら、最後の質問をした。

筆者　本書を読む、すべての人に伝えたいことはありますか？

藤藪　うちに来たときは、怒っていたり、落胆していたり、自分に対していら立ちを覚えている方もいます。そのような方には、「生かされたんやなぁ」という話をしています。「死のうと思っても死ねなかったってことは、『生きろ』ってことだよな」みたいな話です。とはいえ、こんな言葉は使っていませんが。

僕は信仰をもっているけど、対象者がもっていない場合が多いから、信仰の話をしても通じないこともあります。でも、通じなくてもやはりそういうアプローチをしています。なかには、「そうですか……」と言う人もいますし、聞き流すという人もいます。本当にいろいろです。でも、こんな話を、みなさん、どこかで思い出してくれたら嬉しいですね。

二時間にわたるインタビューを終え、藤藪《ふじやぶ》さんに挨拶をしてから教会を後にした。藤藪さんから、「今日、白浜に泊まられるんでしたら、夜に三段壁へ行ってみてください」と言われていたので、夕食を食べてからブラブラと向かうことにした。

もちろん、一人として歩いている人はいない。二度目の三段壁とはいえ、夜に歩くというのは初めてである。沖縄県人がすべてそうだとは思わないが、実は……私は霊感が強い。なんとなく「いや」な感じがしたので、スマホから電話をして兄妹に相談すると、案の定、止められてしまった（私の家族も霊感が強い）。

事実、三段壁まであと少しというところで何か見えないものに強く引き戻されるような感じがしたし、三段壁に行くと、きっと海に引き込まれるであろうという霊的な直感がして、途中で引き返すことにした。

「根性なし」と言われそうだが、これは正しい判断であったと今でも思っている。

第4章

東尋坊《とうじんぼう》（福井県）

東尋坊の全景

自殺多発地域として次に選んだのは東尋坊である。こちらも青木ヶ原樹海と同じく、「いのち支える自殺対策推進センター（JSCP）」の「自殺地域先進事例データベース」でヒットした事例であり、データベースでは「自殺企図者保護事業＝東尋坊での人命救助活動＝」と掲載されている（**表4－1**参照）。

ご存じのように、東尋坊は福井県坂井市にある観光名所である。ひょっとしたら、テレビのサスペンスドラマのラストシーンの場所、と言ったほうが分かりやすいかもしれない。風化によってできた断崖絶壁や特異な岩場が特徴となっており、「柱状節理《ちゅうじょうせつり》」と呼ばれる六角形の岩の柱が見どころとなっている。この柱状節理は約一キロメートルにも及び、地質学的にも非常に貴重なものであり、「世界三大奇勝」にも数えられるという、福井県を代表する名勝である。

また、国の天然記念物にも指定されており、断崖絶壁からの絶景をはじめとして、遊覧船での見学や昭和の雰囲気を残した商店街など、一日をかけて楽しめることから多くの観光客が訪れる観光スポットともなっている。

東尋坊における自殺の現状

東尋坊における自殺者の推移については、自殺予防に取り組んでいる「NPO法人　心に響く

表４－１　自殺企図者保護事業＝東尋坊での人命救助活動＝

概要	自殺ハイリスク地対策のため、平成21年度からNPO法人に委託して、パトロールの実施による自殺企図者の発見・保護した自殺企図者の一時保護により自殺予防対策事業を実施した。
実施年度	2012
自治体情報	①自治体　福井県坂井市 ②人口規模　約94,000人 ③財政規模　33,100,000,000円
問い合わせ先	担当課：福井県坂井市　社会福祉課 TEL　：0776－50－3041 E-Mail：fukushi@city.fukui-sakai.lg.jp URL　：http://www.city.fukui-sakai.lg.jp/
詳細資料	詳細資料１
具体的な取り組み	その他
ターゲット層	その他
事業対象	自殺企図者
実施コスト	①予算　平成24年度　5,580千円 ②人数　不明 ③準備日数　不明 ④自治体の負担率　０％
事業形態	①委託有無　委託有り ②事業種別　強化モデル事業
政策パッケージ分類	重⑥ハイリスク地 その他（妊産婦、性的マイノリティ等）

出典：いのち支える自殺対策推進センターHPより。

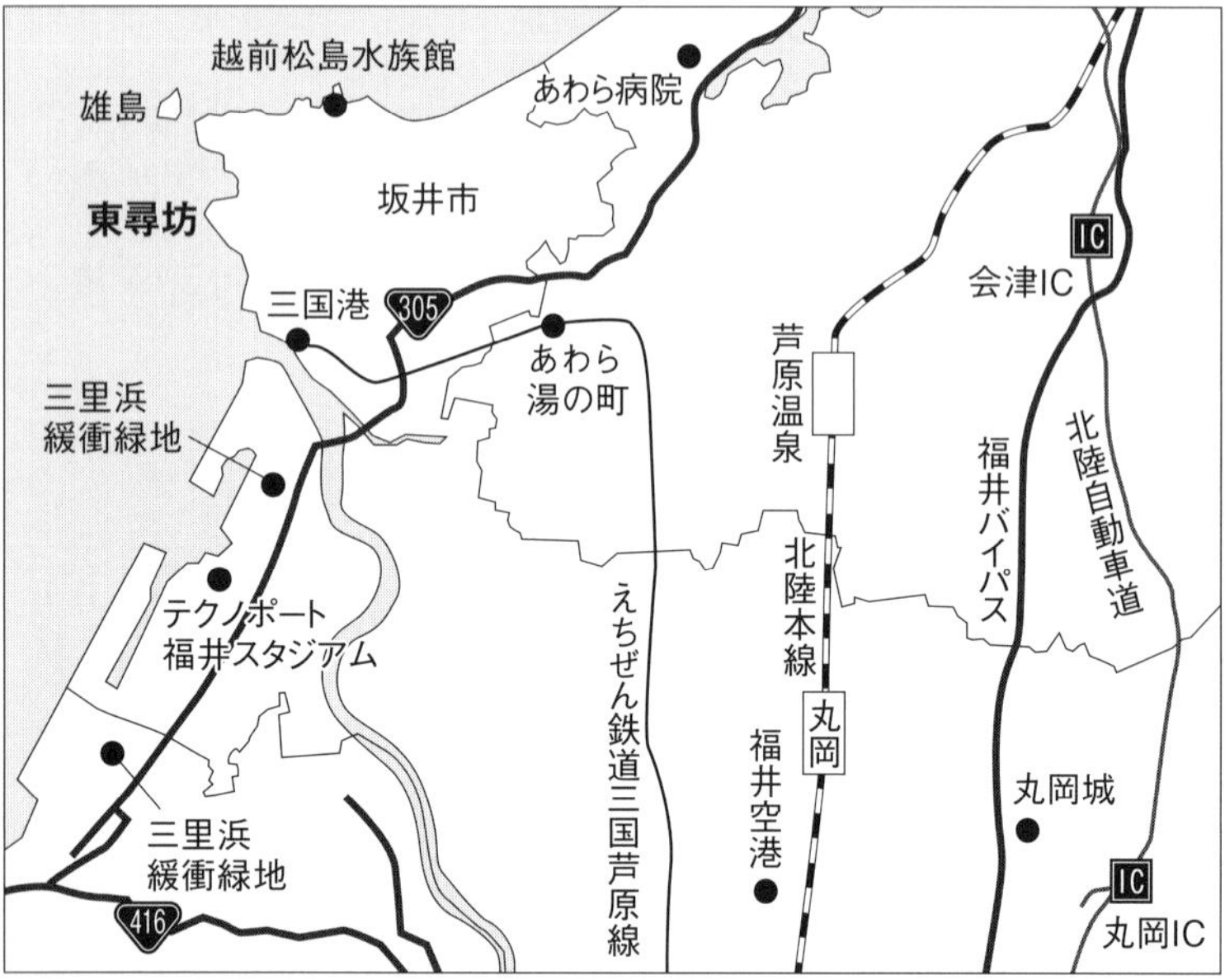

東尋坊の地図

東尋坊の観光商店街

東尋坊

図4－1　東尋坊における自殺者の推移

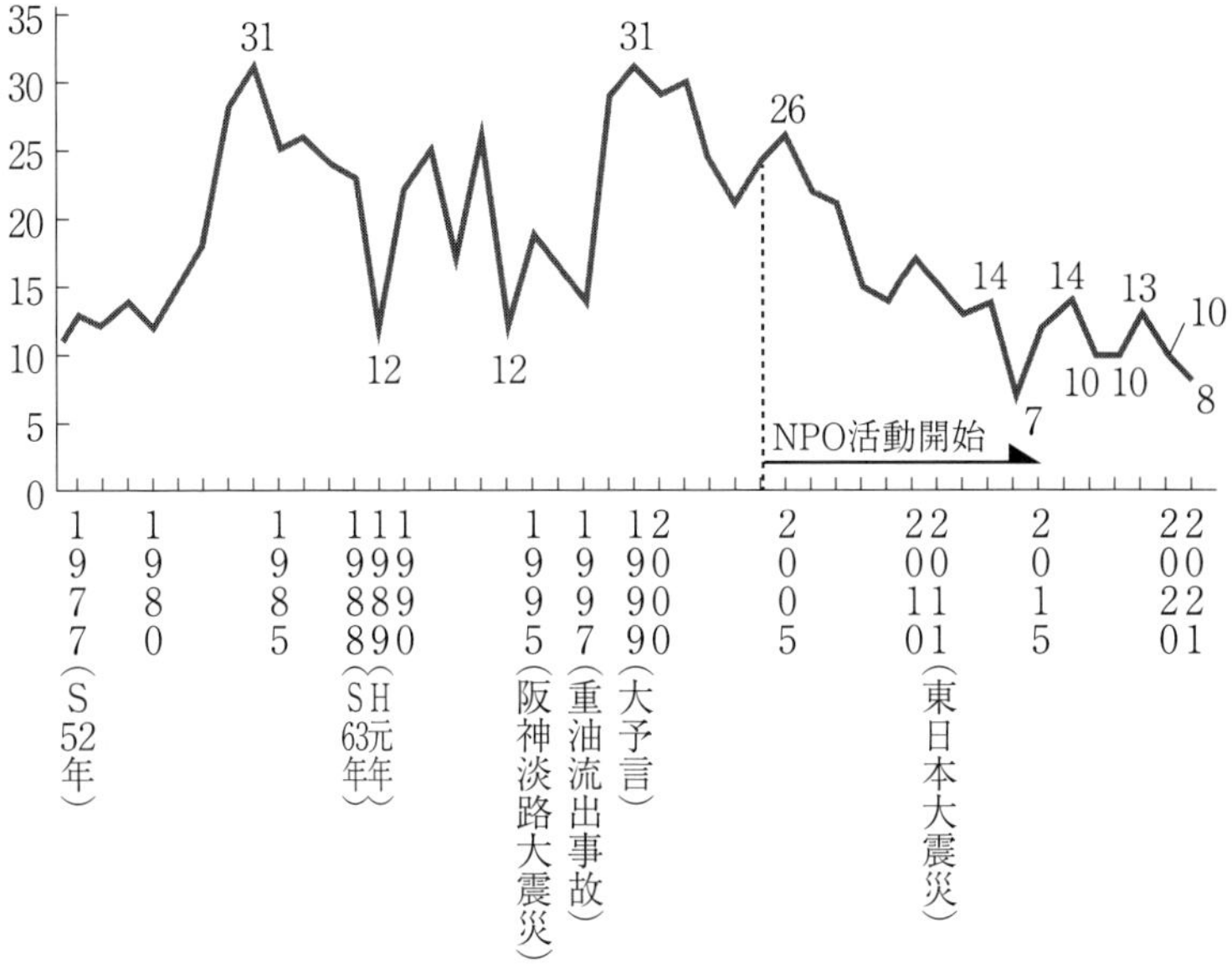

出典：「NPO法人　心に響く文集・編集局」のHPより。

文集・編集局（http://toujinbou4194.com/index.html）」のホームページで公開されている（**図4－1**参照）。

公開されている全期間の推移を見ると、七〇五人が命を落としており、年毎に増減の波があるものの、一九八四年と一九九九年には年間で三一名が自殺をしている。「NPO法人心に響く文集・編集局」の活動が二〇〇四年にはじまって以降、二〇〇五年の二六人をピークに自殺者は減少を続けているが、現在でも毎年一〇名前後の自殺者がいる。

前述した「自殺地域先進事例データベース」では、「自殺企図者保護事業＝東尋坊での人命救助活動」の内容について**表4－2**のように示されている。これらの情報を得た私は、「NPO法人　心に響く文集・編集局」の理事長である茂幸雄さんに会って話を聞くことにした。

NPO法人　心に響く文集・編集局（茂幸雄《しげゆきお》さん）

まずは、「NPO法人　心に響く文集・編集局」の組織概要と理事長の略歴を紹介しよう。

ホームページによると、理事長である茂幸雄さんが警察官時代（三国警察署副署長：警視）に出会った老カップルの自殺をきっかけにして、二〇〇四年に立ち上げたと書かれている。茂さんは、警察官として在籍した四二年間のうち、二七年間を生活経済事犯（サラ金、マルチ商法、薬物事犯、福祉事犯、少年事件）の捜査官として従事してきた。

二〇〇四年三月に定年退職し、四月にNPO法人を立ち上げ、「心に響くおろしもち」（**表4－2**参照）というお餅屋を設置した。二〇一〇年には「自殺のない社会づくりネットワーク・ささえあい」（東京・湯島）の代表をはじめとして、福井県自殺ストレス対策協議会委員（二〇〇六年から）、坂井市福祉保健専門部会委員（二〇二〇年六月から）を歴任し、二〇二〇年一二月から「福井新聞」D刊においてコラムを執筆されている。

表４－２　「自殺企図者保護事業：東尋坊での人命救助活動」の具体的内容と成果（一部抜粋）

具体的内容

❶東尋坊（ハイリスク地）における安全パトロール事業

水曜日以外の週６日の安全パトロールを NPO 法人に委託し、自殺企図者の発見、相談、保護活動に努めている。〈委託内容：１日のパトロール時間４時間／日、３人一組体制で１か月25日間〉

❷一時避難所の施設管理事業（安全パトロール事業による発見・保護した自殺企図者一時保護）

委託先は NPO 法人「心に響く文集・編集局」（理事長・茂幸雄）。安全パトロールにより発見・保護した自殺企図者を一時的に保護するためのシェルター６室を確保している。

NPO 法人では、2004（平成16）年４月から、活動拠点として「心に響く おろしもち」という看板を掲げたお餅屋さんを設置した。祭事に欠かせないお餅は、人と人とをつなぐ食べ物としての意味をもっている。この「お餅屋」が、パトロールで保護された多くの人にとっては自立への道標となっている。また、発見から相談、保護、自立へと、「心に響く」キーワードを語りかけながら日々積極的に活動している。

成果

安全パトロール事業と一時避難所施設管理事業の一貫した事業を NPO 法人に委託することにより、自殺企図者の発見、相談、保護、自立へとの連携が図られ、年々効果が上がっている状況にある。

〈発見・保護者数〉

平成21年度28人、平成22年度70人、平成23年度49人、平成24年度57人、平成25年度59人、平成26年度32人、平成27年度33人、平成28年度38人となっており、総合計366人となる。

〈施設利用者〉

平成21年度18人、平成22年度53人、平成23年度43人、平成24年度42人、平成25年度51人、平成26年度20人、平成27年度40人、平成28年度37人となっており、総合計304人となる。

出典：「自殺地域先進事例データベース」をもとに筆者作成。

主な著書としては、『東尋坊・命の灯台――本当はみんな生きたいんや……』（太陽出版、二〇〇六年）、写真集『蘇（よみがえる）』（自費出版）、『命の防波堤』（自費出版）などが出版されている。

茂さんに面会を申し込もうと、ホームページに記載されていた電話番号に電話をかけたところ、ご本人が出られた。こちらの趣旨を伝え、話をうかがいたい旨を伝えると快諾していただいた。

写真集「蘇（よみがえる）」

三段壁を訪問した翌日の二〇二二年七月一八日六時半、和歌山県のJR白浜駅が始発である「特急くろしお」に乗って出発した。JR大阪駅で「特急サンダーバード」に乗り継ぎ、一一時半にJR福井駅に到着した。福井駅で「えちぜん鉄道」の三国芦原線に乗り換え、最終駅である三国港駅に到着したのは一二時であった。

三国港駅からはバスとなる。バス待ちをしながら茂さんに電話を入れた。三国港駅には、私以外に東尋坊に向かうと思われる中年男性が一人いた。とくに会話を交わすこともなく、静かにバスが来るのを待った。バスを待つこと約二〇分、東尋坊行きのバスに乗り、約一〇分で東尋坊に到着した。

正直、東尋坊のイメージはドラマで見るようなものでしかなかったので、観光地化されていたことに驚いた。コロナ禍に加え、平日ということもあって閑散としていたが、平常時であれば観光客でごった返すのだろうと想像できた。観光商店街を歩いて東尋坊のほうへ向かっていくと、お店の前で茂さんが出迎えてくれた。先に述べた「おろしもち」が販売されているので買おうと思っていたのだが、茂さんがご馳走してくれた。

改めて今回のインタビュー趣旨を伝えたところ、自殺対策の研究者や実践者がたくさん話を聞きに来るということであった。私も研究者の端くれ、研究の話などをひと通りしたあと、インタビューをはじめることにした。

筆者　自殺予防活動をはじめたきっかけについて教えてください。

茂　一九年前（二〇〇四年）、警察官だったときにパトロールした

活動拠点となっている茶屋「心に響くおろしもち」

茂幸雄さん

際に（自殺しようとしている）二人を見つけて、「生活保護に現在地保護というのがあるから、うまくしなさい」と言って、坂井市に引き継いだんです。すると、「私どもは貧乏な市やで、そんな県外の者には金は出せない。東京へ行きなさい」と言って追い出したんです。

実はこの二人、全国の自治体に相談したが、八か所でたらい回しにあい、新潟で亡くなっています。「ここの市役所でこんなことを言われた、この市役所でこんなこと言われた」と書き綴った手紙（遺書）を私に送ってきたんです。これが活動をはじめた理由です。

金がないんだったら野垂れ死ぬしかないにもかかわらず、「あっちへ行け」と言ってどうするんや。これは、構造的な犯罪行為です！　どうしたらいいか、誰も口を開ける者がいなかったんですよ。

私は、送られてきた遺書を公表しました。マスコミを全部呼んで、「こんなバカなことがあるか！」って。「毎日新聞」はトップ記事として掲載してくれましたよ。それでも、人の噂も四九日。みんなから「大馬鹿もん」と言われてバッシングを受けました。

当時、自殺については、「死神がついて、どうしようもない」というのが一般的な考え方でした。二〇年前はそうなんですよ。あくまでも本人の責任、どうしようもないんや、と。そういう考え方に「ちょっと待て！」って言うたんや。法律では保護責任者遺棄罪、明らかな犯罪行為です。保護しなければならないと法律に書かれているんやで、と。

表４－３　生活保護法（昭和25年法律第百四十四号）

第４章　保護の機関及び実施
（実施機関）
第十九条　都道府県知事、市長及び社会福祉法（昭和二十六年法律第四十五号）に規定する福祉に関する事務所（以下「福祉事務所」という。）を管理する町村長は、次に掲げる者に対して、この法律の定めるところにより、保護を決定し、かつ、実施しなければならない。
　一　その管理に属する福祉事務所の所管区域内に居住地を有する要保護者
　二　居住地がないか、又は明らかでない要保護者であつて、その管理に属する福祉事務所の所管区域内に現在地を有するもの。
２　居住地が明らかである要保護者であつても、その者が急迫した状況にあるときは、その急迫した事由が止むまでは、その者に対する保護は、前項の規定にかかわらず、その者の現在地を所管する福祉事務所を管理する都道府県知事又は市町村長が行うものとする。

筆者　宮古島でも、外から来る人に対して金を使いたくないと言っています。県外の人、「福井から来た人は福井に行きなさい」と。生活保護法一九条にあっても、「あっちへ行きなさい」とたらい回しをやっているというのが現状です。しかし、法律ではそんなことをしたらダメって、なっているんです。

　宮古島へ来たら、よそ者であってもその自治体がちゃんと保護しなければならない。これをたらい回しにしたら保護責任者遺棄罪、犯罪なんですよ。みんな、たらい回しをしてしまっている。行政がですよ。

　生活保護（昭和二五年法律第百四十四号）の第一九条には、**表4-3**のように規定されている。つまり、茂さんが言っているのは、ここに書かれている第2項であり、居住地がないか、明らかでない要保護者、または居住地がほかの自治体であっても、急迫した場合には、その者の現在地を所管する福祉事務所を管理する都道府県知事または市町村長が保護をしなければならない、ということである。

私は市役所職員時代を思い出した。当時私は、生活困窮者自立相談支援事業（概要などについては付録参照）の主任相談支援員として、生活困窮者からの相談を受けていた。その際、生活困窮者を生活保護担当課につなぐと、現住所を確認し、住所地が市内になければ、「住所の記載ができないと申請書が提出できない」とか「住所地のある自治体に相談してください」などと言って申請書すら受け付けてもらえず、上司とともに何度も掛け合ったことがある。

茂　それ、日本中、どこでも同じことをしています。ここにメスを入れて欲しいと思っている。国民の命は国の財産で、宝物であるって言っているにもかかわらず、自治体任せにしている。（住所地のある）県以外に自殺しに行く人もいるんやから。たとえば、宮古島市が県外の人を保護したら、国が税金を払って、その人に対する支援をやらないとあかんねんって。

誰でもそう思う。国が予算をつけてあげれば、みんな「おいでおいで」となると思う。私が一八年三か月やっていて、常に声を上げているのはそのことなんです。いくら言っても、自治体も全然あかん。これ、日本中の問題です。

根本的なことが自殺対策基本法に書いてあるよね。社会的構造的に追い込まれたのが自殺でしょう……構造的におかしいんですよ。国民の命やで。

筆者　おっしゃるとおりです。では、自殺予防活動について教えてください。

茂　普段はお餅屋さんをやってます（一一八ページの**表４－２**参照）。仲間がパトロールして、自殺志願者と思われる人に声をかけてここに連れてきます。その人から話を聞いて、悩み事をお聞きしています。

これからが問題だな。みんな、こんなんで苦しんで「死なしてくれ」って言うんや。彼らの死ぬ理由ははっきりしているんです。にもかかわらず、「なんで生き続けなあかんのか？」、「こんなに苦しいのに、なんで生き続けなあかんのか？」ということです。彼らには答えがないんですよ。だから自殺するんです。分かるでしょう？

お金がないことも理由だろうし、パワハラもあるでしょう。いろいろなこと、人間関係もある。こんなこと言って先が見えなくなったら、「もう俺はもうこれ以上苦しまなくてもいいでしょう」と。もちろん、病気もあるでしょう。こんな病気から逃げたいから、もう死ぬしかない。死ぬことについては、「全部なるほど」という理屈があって、誰が聞いても分かる。

どう考えてもおかしいけど、こんな苦しいにもかかわらず、「茂さん、なんで私がこんな苦しいのに生き続けなあかんのか」という質問が来るんですよ。

岩場で、ですよ。あそこから飛び込もうとしているのを見つけ、飛び込む寸前で止めるんです。「死んだらあかん」と言って、襟首を引っ張るんです。でも、「僕はこんなん苦しんです。死なせてください」って哀願するんです。「まだ僕に何をしろっていうの?」という声を聞いたときから、私たちの活動がはじまるんですよ。

茂さんは、続けて次のように言った。

茂　私のところへは、悩み相談には来ません。ここは相談所じゃないんです。私たちがしているのは、岩場に今から飛び込もうという人たちへの「声かけ」です。「ほっておいてください」って言う人たちを、引っ張ってくるんです。

今日まで七六六人。今から死にたい、死なしてくれ、って人たちを強引にここまで引っ張ってきて、話を聞いて、悩み事を聞いて、「お前が自殺したいのはこういう理由やな」と確認するんです。

彼らは、自殺に追い込んだやつを成敗に行って欲しいんです。会社へ乗り込み、学校のいじめだったら学校に乗り込む。あの人たちはそうして欲しいんです。いわゆる、環境調整をして欲しいんですね。

これらを抱えて生きていくのはつらいよね。それを取り除かなあかんでしょ。取り除いてあげなあかん。取り除いてくれる社会的な構造になっていますか⁉　どこ行ったら取り除いてくれるんですか⁉　この答えを、彼らは聞きたいんです。

さっきも言ったように、「国民の命は国の宝物、財産」とか「あなたの命と生活を守る」と、選挙になると必ず政治家は言います。自殺対策の面でも、その予算が精神医療に結構流れている。結局、「ほざく」やつだけが代議士になっている。医者もそうでしょう。弁護士もそうでしょう。まあ、大体、権力者にとって都合がいいように日本の法律はつくられているということです。

自殺に追い込まれている人たちは、人権侵害の被害者なんですよ。人権侵害ですよ、全部。法テラス（日本司法支援センター）とかいろいろあるけど、追い込まれた人たちの会社へ乗り込むなりして、安全配慮義務違反の取り締まりをするべきです。警告して、「改善命令を出せよ」と言いたいですね。日本の法律をつくっている人たちが「おざなり」のことしかしないし、まちがった税金の使い方をしている。

たまに、「うちのお父さんが自殺まで……ちょっと思わなかったですね」と言っている人がいるけど、何を言ってるんやって、感じです。薬をいっぱい飲んでいるし、みんな分かってい

COLUMN

【団体信用生命保険】

団体信用生命保険は、住宅ローンの返済に特化した生命保険であり、住宅ローン加入者が死亡したり、所定の高度障がいになってしまった際、保険金によって住宅ローンの返済ができるというものである。民間の金融機関の住宅ローンでは、団体信用生命保険、あるいは民間の生命保険への加入が義務付けられている場合がほとんどである。（友人の専門家より）

るくせに、分からないふりをしているだけ！　前述したように、どこにも相談に行くところがないんですよ。

最前線で自殺志願者を保護している茂さんの言葉が熱を帯びてきた。話を聞いている私は、口を挟むことができなかった。おもむろに茂さんがタバコを取り出し、ライターで火を付けながら言葉を続けた。

茂　保険会社も自殺を誘発しているんじゃないかと、私は思います。何千万円もの家を建てて、多額のローンを抱えて、旦那さんが死亡したら、残りのお金は払わんでもいいという特約、「最悪の場合、自殺したら」と言っているようなもんです。車のローンにはこんな特約が付いていないけど、家だけにはピシッと書いてある。

実際問題、会社をリストラされたあと、妻や子ども、そして両親だけは何とか住まわせたい。そして、「ごめんね……」となるわけです。

筆者　では、「声かけ」など、現在のパトロールについて具体的に教えていただけますか。

茂　パトロールに行く日は、三人が三交代でやっています。メンバーは一二名で、元警察官が五人、あとは一般の人です。どのような方に声をかけるかは、言葉でいくら説明しても分からないので、そのような人の姿を見つけたら、声をかける前に写真を撮るんですよ。それを写真集にしました（一二〇ページの写真集参照）。

東尋坊は景色のいいところやけど、その裏にはこんなことがあるんです。二二名の写真を撮りましたが、肖像権の関係で、承諾を得られた一七名だけを写真集に掲載しました。

筆者　今、その一七名の方は生きているってことでしょうか？

茂　そう、ＮＨＫでも放送されたし、朝日新聞にも掲載されました。

しょっちゅう声をかけているけど、保護できるのは一月に二、三人。バスのタイミングは関係なく、一一時から日没まで一人で回っています。

筆者　新聞で見たのですが、「ドローンパトロール」とはどのような取り組みなのでしょうか？

茂　みんなでドローン操作の研修を受けたんです。三日間の研修で、みんな操作できます。最近、ドローンの業者が一軒東尋坊にできました。その業者が、お客さんにドローン見せるという観光営業をはじめたということで、そこと協定を結んだんです。「カメラで見つけたら通報しなさいよ」と言って、業者に任せています。こっちはというと、朝早くにドローンを飛ばして、水死体を探しています。

筆者　東尋坊には、どのような方が自殺に来られますか?

茂　自殺しに来ている人の八割から九割が県外の人。地元行政の対応は地方に任せられているので、国からの予算が下りても、住民に対する支援はするけど県外の者にはしない。さっき言ったように、福井県だけじゃないよ。

「死ぬ」としたら「どうせ東京の人でしょ」って感じで、県外へたらい回しなんですよ。これが現状。これは、二〇二〇年一〇月二九日の朝日新聞の記事。これに対して、誰もメスを入れる人がいない。

東尋坊　涙受け止め700人目

坂井市の東尋坊で自殺防止活動に取り組むNPO法人「心に響く文集・編集局」がこのほど、700人目の自殺企図者を保護した。2004年4月の発足以来、岩場でうなだれる人に声をかけ続けて16年半。メンバーらは「これからも人命救助活動を続けていきたい」と思いを新たにしている。

NPO 自殺防止活動16年半

700人目は北陸地方に住む女性(51)だった。9月末の午後5時半ごろ、元警察官でNPO法人理事長の茂幸雄さん(76)が、東尋坊タワーの駐車場から、ふらつきながら岩場に向かおうとする女性を見つけた。

事務所がある茶屋「心に響く　おろしもち」に誘導し、話を聞いたところ「2年前からうつ病を患い、入退院を繰り返している」「母親の年金で、2人目の夫（既に離婚）との間にできた6歳の娘と3人で暮らしているが、うつ病や新型コロナウイルスの影響で働く場所もないため、自殺をしに来た」などと泣きながら語った。今年はコロナ禍を背景に自殺企図者が増えており、その一人だった。

「心に響く文集・編集局」理事長の茂幸雄さん（左）と事務局長の川越みさ子さん＝坂井市三国町安島

女性は睡眠薬を飲んでいたため、救急車で福井市内の病院に搬送された。メンバーらは「子どものためにも何とか立ち直ってほしい」と願う。

コロナ禍で増加■行政に相談拡充訴え

NPOが過去5年間に保護した人は、15年が38人、16年が34人、17年が39人、18年が28人、19年が32人。坂井西署の調べでは、東尋坊で見つかった変死者の数は15年が12人、16年が14人、17年と18年が10人、19年が13人だった。

NPOは今年、9月末現在で昨年同期より3人多い28人を保護した。同署によると、見つかった変死者は既に10人を数えるという。

厚生労働省の助成を受けてNPOは7月、コロナ禍による自殺防止のための「悩み事相談所」（0776・81・7835）を茶屋に設けた。面談や電話、メールで受け付けている。パトロールにも変わらず力を入れ、40〜70代の12人が水曜を除く週6日、朝から日没まで、交代で岩場や遊歩道の監視を続けている。

茂さんは「行政が実施する専門家による相談業務は事前予約や時間制限、土日の休日などが設けられているが、そうした制約をとりやめ、本人や家族の目線に合わせた活動を整えるべきだ」と訴えている。

（[illegible]川敦郎）

見せてくれた朝日新聞の記事（提供：茂幸雄氏）

筆者　県外から自殺志願者が来るという背景に何があるのでしょうか?

茂　足摺岬（高知県土佐清水市）、隣の石川県にある「ヤセの断崖」（羽咋郡志賀町笹波）、青木ヶ原、すべて観光地なんですよ。足摺岬の場合は、田宮虎彦（一九一一〜一九八八）原作の映画『足摺岬』（近代映画協会、一九五四年）で脚光を浴びたんです。自殺するシーンが出てきて、「ここは自殺の名所です」となったわけです。観光客を呼び込むための商材として利用していたんです。

石川県の「ヤセの断崖」（五〇メートル）は、松本清張が書いた小説が原作となった『ゼロの焦点』（松竹、一九六一年ほか）という映画の舞台となった。自殺シーンが出てくる「ヤセの断崖」を、町を挙げて、あの有名な『ゼロの焦点』の場所はここですよ、と言って観光地にしていたんです。今はどうなっているかは知りませんが……。

東尋坊も同じですよ。高見順の詩集『死の淵より』（講談社、一九六三年）が理由です。これを商材にして観光客を呼び込む。「〇〇で有名な名所です」というところからはじまっているんですよ。町を挙げて、市を挙げて、ここは観光名所ですよって。観光業界をはじめとして、あらゆる旅行会社が険しいところの写真を撮って、それをパンフレットにしているんや。観光名所、商売の材料として使っている……。観光名所として、人の死を利用していた。私に言わせれば、自殺を煽っている！

逆に僕は、「すごく険しい景色のいいところですよ」と、観光客を呼び込む商材として使っていた。もちろん、東尋坊だけではないでしょう。

再び、茂さんのタバコに火が付いた。ゆっくりと吸いながら、私に向かって次のような質問をしてきた。

茂　自殺する人の大半はどのような精神病者ですか？　厚生労働省は何と言っていますか？

筆者　うつやアルコールでしょうか。生活困窮者にも目を向けています。

茂　やっとそこまでトーンを落としたんです。ここから、バンバン厚生労働省に言いました。うつ病イコール自殺者、自殺者の七割以上がうつ病と、厚労省は言っていました。

すぐに受診しましょう。心療内科に行きましょう。労働安全衛生法によって、ストレスチェックをしましょう。半年に一回しましょう。今、あなたちょっとうつ気味ですよ。「ちょっと診療内科に行ったら？」とか「精神科に行ったら？」というのが今までの仕事だったんですよ。

そして、心療内科で診断がついて、たくさんの向精神薬が処方される。

本人は、うつ病で悩んでいるんじゃないんですよ。いろんな人間のしがらみが理由でうつ病になったんですよ。薬を飲んだからといって、その悩みが取れるわけがないでしょう！

根本療法をしないといかんのです。医者は何をしてくれますか⁉　薬の処方箋しか出していないでしょ。病原の根本、仮に親子断絶だったら、「この子どもはこういう病気だから、このような言葉を使うな」といった処方箋を出さないといけないでしょう。

ここに来る人は薬物依存症ばっかり。五年も一〇年も薬を飲んで、「途中でやめたらあかん」と言われ続けてきた。診療に行っても五分間の面談。そして、また薬を飲まされて……。心療内科の増加に従って、患者がうなぎ登りになっているんです。「病院に行け」ばっかりで……。

大学教授らは、社会に対してビシッと言わなあかんね。病院の数と患者の数が増えたって。心療内科は、パソコンさえあればいい。レントゲンも何もいらないでしょう。

あちこちに行政の相談所があるんですが、この相談所にも私は腹立っています。「相談所に行きました。何もしてくれなかった。だから、岩場に立ちました」と言う人は、「いのちの電話」も含めていろんなところに相談をしています。

筆者　「いのちの電話」の効果についてはどのように考えていますか？

茂　目線が違うんやって。悩みを抱えてるから、そこへ相談するんでしょう。自分の悩みがあるから相談するんでしょう。その悩みを取ってくれるのかというと、何も取ってくれん。「三〇分しかないよ」、「一五分しかないよ」と言われて切られてしまうんです。一五分でいったい何が話せるのか！

「対策していますよ」ということをＰＲするためのものであって、本当に治すとか、悩みを聞くとかっていうものではない。あの人たちは、すべて相談に行くんですよ！　こういう悩みがあるから何とかして欲しい、と相談に行っているんです！

ふと、青木ヶ原樹海（第2章参照）に行った際、宗教団体が横断幕を貼って勧誘していることを思い出した。以心伝心とでも言おうか、茂さんからも宗教団体についての発言があったので質問をしてみた。

筆者　こちらにも宗教団体は来るんですか？

茂　いろんな宗教団体が来ます。「私もこの活動を応援していますよ。あなたも入信してください」という感じですね。宗教団体は、全面的に応援の姿勢を見せます。キリスト教系の宗教団体も来るし、仏教系の宗教団体も来ています。私を広告塔にしたいんでしょうね。

私は、すべての宗教団体からの依頼をお断りしています。人の死を、そんなもんで利用すること自体がおかしい。そもそも、なぜ宗教団体に入信しないといけないんですか？　おかしいでしょう。

命を救うことについては賛同しているけれども、その裏に何かが隠されているように思えます。私としては、それが「しっくりいかない」というのが本心です。場合によっては、それ以上におかしな感じがするときもあります。極端に言えば、宗教戦争が起きているような感じですね。

青木ヶ原樹海では、自殺志願者への勧誘として宗教団体が入っていたが、東尋坊では、自殺防止活動として全国的に有名な茂さんを広告塔にするために勧誘に来ていたようだ。

筆者　自殺予防に関して、東尋坊のある坂井市の意識は変わってきましたか？

茂　だいぶよくなってきた。私も協議会の委員になっています。最近、やっとバンバン言えるようになった。

完全にゴミ扱いとなっていることが、日本の自殺の根源です。世界で日本の自殺率は上位です。この現状を波名城さんが本に書いて、沖縄からＰＲしてもらわないと。

茂さんからの期待に少しドキッとしながら、次の質問をした。

筆者　自殺対策計画について、どのように思っていますか？

茂　私は福井県の自殺対策の委員もしていますし、地元坂井市の委員もしています。違う、おかしいと伝え、もう全面、一〇〇パーセント修正してもらった。みんな、（自殺予防なんて）分からんもんな。経験がない人ばっかりなんよ。福井県の自殺対策はまだまだだと思っている。

筆者　この活動における、自殺対策の予算について教えてください。

茂　設立から五年間は私費を投じて取り組み、やっと国の助成が得られるようになりました。自殺対策基本法ができたとき、麻生太郎さんが総理大臣のときに、「福井県の東尋坊にこういうことやっているやつがいるだろう、なんとかせぇっ」という感じになって。そこで最初に予算を取って、それからはずっと国からもらっています。

私たちが受けている事業費についてですが、ご存知のとおり、NPO法人の存立にかかる経費は一切助成対象ではありません。あくまでも、新規で先駆的、全国的な事業を行う場合にかかる経費だけです。

私の場合、自殺志願者を毎年三〇～四〇人ほど保護しており、自立するまでにかかる経費だけが助成されます。すなわち、対象者が自立するまでに必要とされる生活費やシェルターの借り上げ費、支援にかかる食費・交通費などだけであり、それに携わる我々の日当や事務所費などは一切対象となっていません。

毎年、新規事業の企画によって変遷しますが、私のところでは、毎年五〇〇万円程度であり、厳しい会計検査を受けています。

筆者　最後の質問です。これまでの約一八年半にわたって東尋坊で自殺防止活動をやってきて、今日までに八一一人の自殺志願者を岩場で発見・遭遇し、自殺をやめさせ、ほぼ全員が再出発を果たしているとのことですが、なぜ自殺まで考えていた人がそれをやめ、再出発が果たせていると思いますか？

茂　大きく、三段階に分けて話をさせていただきます。

一点目、私たちは、自殺を考えて東尋坊の岩場に立っている人がいないかと探し出し、その人に声をかけ、悩み事を聞き出し、その人を取り巻いている周辺の人に向かって、自殺に追い込まないようにしてもらうための注意や警告を発し、その人の生活環境の改善・調整を図っています。すなわち、相談者が来るのを待っているのではなく、こっちから悩んでいる人がいないかと積極的に探し求めています。

二点目は、悩み事に関する相談業務の受理体制についてです。「悩み事相談電話」は全国の各所にありますが、多忙のためかほとんど通じません。私たちの団体は、休日や夜間の相談にも対応しているため、電話器に着信歴を記録し、後日、その着信歴を見て相手に問い合わせをしています。

三点目は、シェルターを所有していることです。自殺を考えて東尋坊へ来ている人は、「自分の住まい」があってもそこには住めず、「親や友達」がいても断絶状態であり、「所持金」はなく、「夢や生きる希望」をなくしており、「この世から消えたい……」というひと言です。このような人に遭遇したら、「死ななくてもいいんだよ……」とか「私が何とかしてあげます……」と断言して、その日から生活できる場所を提供しています。

しかし、この場合に一番大切なことは、抱えている悩み事の解決策と、私たちが支援できる内容を相手にはっきりと明示して、約束したとおりに支援することとなります。この場合、相手がもっているレジリエンス（立ち直れる力）を信用してあげるのです。過干渉にならず、個人として尊重した対応をするわけです。

そうすると、大半の人は、約一か月の休養を与えてあげれば、再出発を果たしていきます。

約二時間、茂さんから東尋坊での取り組みについて教えていただいた。自殺しようかと考えている、最後の一線を越えんばかりとする自殺志願者に対して「死んだらあかん」と言って引き止め、相談に乗るだけではなく、解決するまで熱心に向き合う姿を見ていると、元警察官であり、長年自殺防止に取り組んできた茂さんだからこそできるものと思ってしまった。

インタビューの間もパトロールが行われており、茂さんの仲間が真剣な表情でパトロールに出掛けていった。心の中では、「私もパトロールについていっていいですか?」と尋ねていたが、中途半端な気持ちでついていくのは申し訳ないと思い、姿を見送るだけにした。

お礼を述べて帰ろうとすると、もう一人の方から「これから帰るので、ホテルの近くまで送っていきますよ」と声をかけられ、ホテルまで送っていただいた。その車内では、ご自身が自殺防止活動を続けている想いなどについて教えてもらった。また、パトロールに出掛けたもう一人の仲間も、茂さんへのインタビューに同席をしていた。

正直に述べると、最初は監視・チェックをされるのかという疑念をもったが、みなさんの表情を見ていると、茂さんの言葉に頷く様子が多々見られた。答えてもらったのは茂さんだが、その思いはみなさん同じなのだ。茂さんを取り巻く仲間たちの存在、想像以上に大きいようである。

茂さんたちの話によると、この観光商店街は再開発が行われるとのことで、活動拠点となっているという。「心に響く　おろしもち」も対象になっているという。「今後、どのような形になるか分からない」と話されていたが、東尋坊における最後の「ゲートキーパー」として残って欲しいと強く感じた。

観光船で東尋坊をめぐる

翌日、インタビューの内容を思い出しながら、再度東尋坊に一人で向かった。この日は天気がよかったこともあり、昨日よりも多い観光客の姿が見られた。

観光船に乗って、海側から全景を見ることにした。しばらくすると、切り立った断崖が目前に現れた。楽しく写真を撮っているカップルの横で、どのようなところから飛び下りるのだろうかと想像しながら、私も写真を撮った。

観光船を降り、乗組員に大学の教員であることを説明したうえで、「自殺者が多いとうかがったんですが、仕事中に死体を見つけたことはありますか?」と尋ねると、「見たことはありませんね」という答えであった。

乗組員が本当のことを言ったかどうかは定かでないが、茂さんたちの必死な活動が行われているにもかかわらず、毎年一〇人前後の人が命を落としているという事実を聞くと、残念で仕方がない。一人でも命を落とすことがない場所として、今後、再開発に伴って変わっていくことを願うばかりである。

観光船から見る東尋坊の断崖

第5章

キリスト教における自殺予防

相愛キリスト教会（右）と「ノアの箱船記念館」

五月の青木ヶ原樹海のインタビュー調査後（第2章参照）、亡くなったあとの魂がどこに行くのかについて知りたくなった。また、キリスト教の牧師が自殺予防の電話相談を受けていることをニュースで見たことを思い出し、その牧師から話を聞こうと思って足を運ぶことにした。

創愛キリスト教会（宮崎聖《みやざきさとし》牧師）

早速、大学の同期で、現在牧師である友人にSNSのメッセンジャーで連絡した。彼は、同じ寮で二年にわたって過ごした仲間である。二〇年近く会っていないが、丁寧な返事をくれ、まとまった資料も送ってくれた。第6章で紹介するが、仏教寺院の住職から話を聞いたあと、宗教によって考え方や見解が違うことに興味をもち、彼に会いに行くことにしたわけである。もちろん、その旨を事前に確認しているが、快く応じてくれた。

七月五日、中部国際空港に到着した。宮崎牧師は、三重県四日市から約一時間をかけて空港まで迎えに来てくれた。教会に向かう道中、これまでのことについて話してくれた。大学卒業後（専攻は経済学部だった）、韓国の大学院に進んで牧師になったこと、結婚して子どもがいること、民生委員として活動していることなど、いろいろと話してくれた。

こんな話をしていると時間が過ぎるのは早い。あっという間に、彼が牧師を務める創愛キリスト教会に到着した。教会の中を一通り見学させてもらったあとインタビュー開始となったが、その前に、創愛キリスト教会の概要と宮崎牧師のプロフィールを少し詳しく紹介しておこう。

創愛キリスト教会は、一九九九年五月に四日市市内の信徒宅ではじまった教会である。日本長老教会の流れをくむ教会だが、今は単立の教会となっている。特徴としては、日本には八百万の神があるなかで、『聖書』が語るところの唯一神の信仰を表そうと、「神」を「創造主」と呼び替えながら信仰生活を送っている。なお、創造主が天地万物を造られたという点を信仰の基礎に置いている。

宮崎牧師は、前述したように、西南学院大学の経済学部国際経済学科を卒業したあと、韓国にある「総神大学神学大学院神学科」を卒業して牧会学修士（M.Div）をとり、ソウル神学大学日本語学科講師（Seoul Grace Hill Community Church）

宮崎牧師が運営する「ノアの箱船記念館」

宮崎牧師

にて伝道師・講道師・牧師を歴任したのち、二〇一四年から三重県四日市市にある創愛キリスト教会(https://soai-christ-church.com/)で牧師を務めている。
懐かしさも手伝い、到着してからも三〇分ほど昔話に花を咲かせたが、友達ムードにいったん区切りをつけ、インタビューを開始することにした。

筆者 キリスト教における命の価値について教えてください。
宮崎 まず、進化論と優生学について説明したいと思います。優生学は、いわゆる進化論と弱肉強食の世界から生き残った者が今いる、という考え方です。もし、進化論が本当だったら、この世界には優秀な者だけが残っていくということになります。この「優生学」は、進化論を唱えたダーウィンの従兄であるフランシス・ゴルドン(Sir Francis Galton, 1822~1911)が考え出したものです。
先日訪れたある博物館でのことですが、人類の歴史に関する説明に、ジャワ原人とかアウストラロピテクスなどのさまざまな人類が生まれては消え、ホモ・サピエンスだけが生き残った理由として、「ホモ・サピエンスが優秀だったので生き残った」という記述がありました。つまり、優秀な人たちがいなければいけないという優生学を説明したものです。
一九四八(昭和二三)年に施行された優生保護法(1)も、この優生学的な考え方からはじまったと聞いています。もし、進化論が本当だったら、また優生学的な考えからすれば、人類も優秀な者だけが残らなければなりません。なので、人間の立場から見て価値がないと思われる人は、なるべくこの世界からなくすべきだというのが優生学の根本にあると思います。

それでは、キリスト教は命についてどのように考えているのかというと、『聖書』を開く必要がありますが、『聖書』の最初のページには、「はじめに創造主が天と地を創造した」というフレーズがあります。これは、進化論とは逆の立場になります。長い間かけてたまたま進化した、たまたまここまで来た、優秀な者だけが生き残ったという考え方とはちょっと違っていて、存在しているものには製造者がいるということです。

たとえば、携帯電話でも製造した会社があるように、この世界が現在あるのは、誰かがつくったからなんだ、と『聖書』は語っているわけです。つまり、この世界が存在しているということは、最初の創造者という人がいますよ、ということが『聖書』の言わんとするポイントなのです。それを科学的な立場で調べるというのが「創造科学」という学問となりますが、創られた側には創った側の痕跡が残るんじゃないかということを調べています。

（1）一九九六年の法改正において、優生思想に基づく部分は障害者差別であるとして削除され、法律名が「母体保護法」に改められている。

言葉を換えて説明すると、iphoneをバラバラにすると、appleなどの会社の部品が出てきたり、appleが考えた設計図のようなものが透けて見えてくるというように、人間やこの世界にもそういうものが残っているんじゃないかと考えるのが創造科学というものです。

では、『聖書』から、人間についてもう少し説明します。

人間の内側を見つめたとき、一番面白いと思ったのは、人間が今まで一回も経験したことがないにもかかわらず、人間の内側（心ともいうべき部分）には永遠を願うという思いが備わっていることです。

生きている間、人間は一度も永遠というものを経験しません。新しい車を買っても数年後には潰れますし、新しい家を買っても五〇年後、六〇年後には建て替えたりするわけです。つまり、人間が経験する世界のなかで、永遠に存在するものを目にしたことはないのです。始まりがあれば終わりもあるという世界に住んでいます。それにもかかわらず、「永遠」という思いが人間の心に備わっている理由は何だろうか、という話です。

『聖書』の最初には、「創造者と人間が一緒に住む世界があった」と書かれています。そして、その世界は（人間が罪を犯し、創造者から死という罰を受けることがなければ）永遠に続くものでした。その名残として、「永遠」という思いが人間の心のなかに残っているんじゃないかと考えているわけです。

そのほか、人間には霊魂がある、と『聖書』は考えているわけです。人間は、ほかの生き物と違って、霊的な存在ではないかというものです。たとえば、一番高等であり、遺伝学的に人間にもっとも近いと言われているチンパンジーには、霊的な行動は見かけられません。子どもが死んだから仲間が集まり、祭礼をしましょうね、という行動はチンパンジーには見られません。

一方、人間には、何か霊的なものを求めて、葬儀をしたり霊を弔おうとする思いがあります。このような違い一つを見ても、人間には霊が存在するということになります。

人間の中身についてですが、「霊」と「魂」と「肉」に分ける（三分説）という人もいますし、「霊魂」と「肉」に分けている（二分説）人もいます。では、動物は霊魂もない、ただの肉体的なかたまりなのかと言われれば、動物にも魂かそれに似たものがあって、人間とは魂の部分で交流ができると考える人もいます。このような人たちは、ただ肉体と肉体の交流や接触が行われているのではなく、犬などが人間（ご主人）になつくように、魂的な交流があると考えているわけです。

しかし、犬なども霊的な行動はしないので、霊的な存在ではないと私は思っています。よって、人間と動物は魂のような部分ではつながれるが、霊的な交流は難しいと考えられます。

では、人間の霊的な部分は、どこと交流するのかと問われれば、『聖書』が語るこの世界を造った創造者と言われる方とつながっているんじゃないかなという考え方ができます。ですからキリスト教会では、霊的な交流を意味する礼拝を行ってきたという歴史があるわけです。

　進化論は、「神的な存在はない」という前提のもとに、長い年月をかけて進化してきたと考えていますので、その根底には神の存在は認めませんし、必要もありません。もっと極端な言い方をすれば、超自然の存在を必要としない進化論を信じるのであれば、超自然な存在を信じる宗教は受け入れるべきではない、と言えるでしょう。もちろん、その逆も言えると思います。

　進化論は、淡々と偶然に進化した結果だから、そこに創造者の存在は必要としませんし、人間は物質にすぎないのだから、死後は消えてなくなる、もしくは「無」になるというのが進化論における「死」に対する答えではないかと思います。ですから、進化論の立場に立って、死生学を教えているイェール大学のシェリーケーガン教授が著した『ＤＥＡＴＨ「死」とは何か』（柴田裕之訳、二〇一八年、文響社）という本では、生

教会で礼拝を導く宮崎牧師

きてる間に自分のしたいことができるという脳機能（著書では「B機能」と紹介）が働くことが人間の価値に大きな影響を与える、と書かれていました。

彼の考え方では、自分の意志で考えて、動くことができ、自分の考えが実現するならば「幸せな」人生となり、できなければ「不幸せ」ということになります。たとえば、高次脳障がいになったという場合は、その人のB機能が十分に働かなくなったということなので、いわゆる人間の価値が落ちることになります。

もう少し言えば、事故に遭って植物人間になった場合、シェリーケーガン教授の考え方では、人間というよりは人間の機能を失ったモノになるので、人間の価値を失うことになります。これは、ある人のB機能が低下して、うまく人生を受け入れることができなくなったら「安楽死もいいんじゃないか」という考え方にもつながります。

神道の世界のことになりますが、『日本書記』の最初に「神代」というページがあって、そこには「自然なりて神現わる」と書かれています。つまり、自然ができてから神が生まれているわけです。だから神道は、神が生まれるもととなった自然を大切にしましょう、となるわけです。これは、皇學館大学の「佐川記念神道博物館」に行って、学芸員の方からも教えてもらったことです。

キリスト教は『聖書』を土台にして考えていますので、先にも述べたように、初めに創造主がおられ、その創造主がこの世界も人間もつくられたと教えています。その流れのなかで、私という命がどこからはじまったのかを考える必要があります。

結論を言ってしまえば、『聖書』から考えるならば、以前からあなたという存在はありましたよ、ということだと思います。この地上に、その肉をもって命が与えられて生まれ、気付けば人生を歩んでいますが、最終的には「終わり」が来ます。確かに、肉体はなくなりますが、霊は「天に帰る」という考え方です。

自殺という点から考えると、進化論の立場では、人間は偶然に進化してきた物質にすぎませんし、霊的な存在も認められません。また、優秀な存在のみが生きることを許された優生学の考え方からすれば、人間という高度な機能はありますが、それでもただの物質すぎない存在に価値が見いだせなくなれば、それを排除する自殺も他殺も容認されることになります。でも多くの人々は、「命は地球より重い」と言っています。もっとも、建前かもしれませんが……。

キリスト教はちょっと違う考え方をしており、命というものは、創造者から生み出されたも

佐川記念神道博物館（三重県伊勢市）©めいなかみゆき

のなので、「自分の命ではない」と考えています。たとえば、自分の心臓に「止まれ」と言っても止まりませんし、自分の生や死をコントロールすることもできません。ですから、自分で生きているようであっても、創造者から許された命だということです。

また、創造者が私たちをユニークに、唯一無二な存在として生み出されたものだから、一つとして同じものがありません。このような立場から考えると、命がどれほど大切かということにも気付かされます。自分という存在が、今生きている世界もそうですが、過去を振り返っても、またこれからの世界にも二度と存在しない命なのです。「私」という存在は一つしかありません！　だからこそ大切なのです。

筆者　大学の授業を聞いているような気がしてきました。頭がなかなか追いつきませんが、魂がどこに行くのかについて教えてください。

宮崎　キリスト教には、死後「無」になるのではなく、永遠の命をいただき（復活とも言える）、天国で生きるという考え方をしています。では、魂（霊）だけで生きるのかというと、そうではなく、新しい体が与えられると『聖書』には書かれています。その姿を現したのが、死後復活したとされるイエス・キリストです。『聖書』では、死後は「天国」か「地獄」という、どちらかの世界で生きることになります。

筆者　死後の世界で、新しく魂（霊）はつくり続けられるのでしょうか？

宮崎　それはないと思います。先ほど言いましたように、『聖書』の考え方は、唯一無二の存在として命があります。ですから、新しく魂がつくられて輪廻転生するとか、この世界にもう一度新しい魂をもらって生まれ変わるということはありません。

筆者　新しく生まれてくる子どもたちの魂はどうなっていますか？

宮崎　『聖書』の立場から考えると、永遠の昔から一人ひとりの命（霊魂）はそれぞれつくられているとなっています。地上に肉体を与えられて生まれることで、この世界に命を受けたということになると思います。『聖書』を見ると、先ほども述べたように、創造主というメーカー側の世界が最初に（非常に表現が難しいですが）存在しています。その創造主によってこの世界はつくられましたよ、ということを『聖書』は語っています。ですから、人間の霊や魂がどこからスタートしたのかについては非常に難しいですが、永遠の昔から命は与えられていて、創造主の計画のなかで、「あなたは、この時代に地上で命を与える」とされていて、しばらく地上にいて、死後の世界（天国か地獄）に生きることになるかと思います。

筆者　となると、地獄に行くこともありえるわけですね。

宮崎　あると思います。『聖書』では、死後の世界は天国か地獄です。ですから、死後どちらかに行くことになります。ここで基準になるものは、イエス・キリストを信じたかどうかです。なぜかといえば、人間には罪があり、罪を背負ったままだと天国には行けないからです。

『聖書』には、「人間には罪がありますよ」と書かれています。性善説か性悪説かと言われれば、『聖書』は性悪説の立場をとっています。とはいえ、『聖書』が語っている罪の概念は、この世とは少し違います。たとえば、この世で「罪」と言えばいわゆる犯罪のことになり、警察のお世話になることだと思いますが、『聖書』が語る「罪」とは、心の状態が判断基準となっています。

ですから、心の状態を考えるときに、嘘をついたり、他人のことを悪く言ったり、またバカにするような言葉を使うことも罪となります。また、厳しい基準かもしれませんが、心のなかで他人に憎しみをもったままであれば人を殺した場合と同じですよ、と『聖書』に書かれています。憎しみが熟成すると殺意へと変わりますからね。ですから『聖書』は、犯罪ではなく、心の姿が「罪」だと語っているわけです。

でも、どうでしょうか。人生を振り返り、自分の犯した罪をなかったことにできるかというと、そうはなりません。過去の出来事を思い出して「しまった！」と思っても、過去に戻ることはできません。ですから、消えない罪というものを背負って生きてくことになります。では、死を前にして、天国にそういう悪い心をもったまま入れるのかというと、「できませんよ」ということになります。

しかし、先ほどから申し上げているように、人間の命は、たまたま生まれてきたわけではなく、創造主が永遠の昔から計画されていた尊い命です。たとえるならば、メーカーが心を込めてつくった製品とも言えるでしょう。唯一無二の製品です。ですから、人間が罪を抱えて地獄に行くのは悲しい、人間をつくった側としてはそれを良《い》しとはできない。だから、イエス・キリストを送って、すべての罪を背負うようにされたのです。それが、約二〇〇〇年前に十字架にかかって死んだイエス・キリストです。

イエス・キリストは、私たちの人間の罪を背負うためにこの地上に送られた「創造主の御子」、と『聖書』では説明されています。そして、彼の生き様は、まさに人間の罪を背負う人生だったわけです。そして、キリスト教では、「そのことを信じますか?」と問うているわけです。

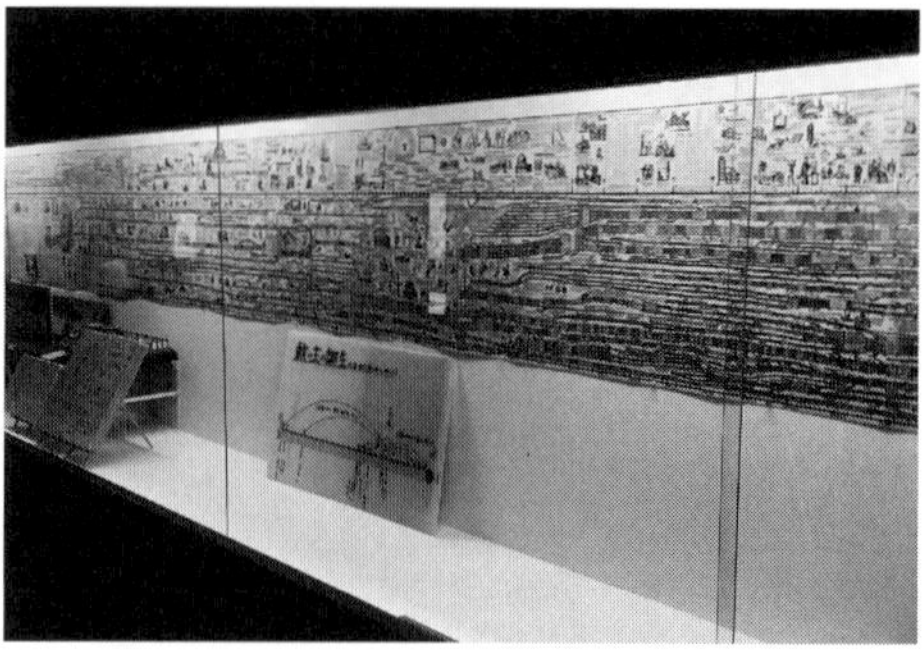
「救い主の誕生」(ノアの箱船記念館)

ですから、クリスチャンになりたいと思う場合には、まず自分がどういう存在なのかに気付く必要があります。自分の心のなかを見て、罪があるのかどうかと、自問しなければなりません。もし、罪があると気付けば、次は解決方法を探さなければなりません。しかし、どんなに頑張ってもその罪をなかったことにはできません。修行をしても、高いお布施をしても、なくなることはありません。

ですから、キリスト教では罪の赦しのために修行を求めたり、お布施を求めることは絶対にありません。そんなことは、お金儲けのために新興宗教がやっていることです。

自分がどういう存在なのか、つまり自分の罪に気付いても、人間にはその解決方法がありません。ですから、このままでは天国に行けないというのが、『聖書』が語っている現実でしょう。この現実を前にして、イエス・キリストに自分の罪を「お任せする」と言えば天国に行けますが、任せないとしたら、自分で背負って地獄に行くことになります。ですから、地獄に行くかと聞かれれば、「罪を解決できなければ地獄に行くことになる」というのが『聖書』の答えとなります。

繰り返しますが、クリスチャンになるときに、修行をしてくださいとか、お布施をしてくださいということはありません。自分がどういう存在なのかに気付くこと、それでおしまいです。だから、命自体に価値があると思っています。

出生前の診断において映し出される小さな子ども、大人の目にはただの細胞のようにしか見えないものも、キリスト教的には主《しゅ》が送られた大切な命ですから、「安楽死しようかな」とか「自殺しようかな」といった絶望状態の命もとても大切なものなのです。命の重さという点では変わりはありません。小さな細胞から皺だらけの老人まで、すべて同じなのです！

キリスト教という宗教について、かなり詳しい説明をしてもらった。一回聞いただけではなかなか頭に入ってこなかったが、本書を著す過程、つまり原稿の整理をしながら繰り返し読んでいると、私にも多少は理解できるようになった。必要とされる姿勢は、過信をしないということであろう。

さて、ここからは自殺の解釈について質問を行っているので、その様子を紹介していきたい。

「ノアの箱船記念館」にある「モーセの十戒」コーナー

筆者　宗教における自殺の解釈について教えてください。

宮崎　『聖書』には、「命を殺してはいけません」と書かれています。命を殺すという点においては、他人の命も、自分の命も大切です。『聖書』が語る命は、この世界にたった一つしかない命だし、相手も一つしかない命だから、肉体的な命を殺すこともダメですし、言葉などでいじめて相手を精神的に殺すというのもだめです。「モーセの十戒」に「殺してはならない」と書かれているとおりです。

しかし、現実を見ると自殺は起きています。また、戦争や紛争で他人の命が奪われています。これらに対してどのように対処するのかというと、キリスト教のなかでは非常に難しい問題となっています。「キリスト教倫理学」と言われる学問では、自殺や試験管ベイビー、人工妊娠中絶などをキリスト教でどのように取り扱うかについて学びました。

そのなかでの話ですが、自殺した人の葬儀を行うかどうかで、牧師たちの意見が大きく分かれることがあります。自殺にもさまざまな原因があると思いますが、たとえば精神的に問題があって、命ということについて正しい判断（こういう言い方がいいかどうか分かりませんが）ができない状態で自殺を選んでしまった場合、救われているのか、という問題が出てくるからです。私が学んだキリスト教倫理学の教授は、精神的な問題で一瞬の判断ミスがあったとしても、それ以前にキリスト教信仰をもっていたのであればその信仰が尊重される、と教えてくれました。

私が学んだキリスト教倫理学の立場から言わせていただけば、自殺前にイエス・キリストを信じたのであれば、一瞬の判断ミスで正常な判断ができなくなったとしても天国に行くのではないかという考え方をベースにして、自殺された人の葬儀をするほうがよいのではないかと判断しています。

基本的にキリスト教では、「自殺はダメよ」と言う前に、「命は大切なんだよ」ということを伝えています。命は、お母さんのお腹に宿るわけですが、そこは人間が操作できる世界ではありません。子どもの目や鼻も、お母さんやお父さんの意志通りにつけることはできません。つまり、人間の力が届かない世界がそこにあるということです。

お母さんが操作できれば価値観の表出ができるかもしれないけど、それもできません。また、人間の側から考えてみても、基本的に命は男性と女性の愛の関係のなかで生まれてくるものなので、とくに大切な、何ものにも代えがたいものがあります。だから、基本的には殺してはいけませんし、自らを殺してもいけないのです。

筆者　牧師になる過程で自殺について学ぶわけですか？

宮崎　先ほど述べた「キリスト教倫理学」というものを必ず学ぶことになっています。自殺にかぎらず、命がどこからはじまったかについてや、中絶の問題、出生前診断を含めて、トータル的に命の価値について学びます。自殺という命の終わりだけに向き合うのではなく、初めからどういう価値があるのかということを学ぶわけです。

また、『聖書』が語る永遠の命という点からも学びますが、この地上に生を受ける受精卵のときから、自殺という最期に至るまでの間、命の価値はまったく変わりません。朽ち果てても価値は変わらないのです。

命がつながっていくという点では、おばあちゃんになっても、おじいちゃんになっても、その人たちがいるからこそ私たちもいるわけです。そういう意味でも、命を与えてくれた方々を大切にし、それを支える社会でなければダメかなと思います。

いわゆる「赤ちゃん」としてこの世に見える形で生まれる前の、お母さんのお腹の中にいる命についても尊厳をもって扱うこと、そして、生まれてから、大変な環境がゆえに自殺をしようとする命も同じように尊厳をもって大切に扱うべきだと思います。

社会全体が、いかなる状況に置かれている命に対して興味をもつ必要があります。目には見えなくても、そこに小さな命があると知ったなら、その存在を意識しなければなりません。

筆者　おっしゃる通りです。次は、具体的な相談内容について教えてください。

宮崎　そうですね……今まで自殺した人のケースはありませんが、自傷行為をされる方が何人かおられました。そのような場合、「私なんかには価値がない」という考え方から自殺に至る人もいます。

あとは「愛情欠乏症」というものですね。そのような環境下が理由で自殺行為に進む人がいるわけです。このような人の場合、自殺願望があるというよりは、自傷行為によって周りからの関心を集めるという人たちが多いです。ですから、自殺という結果に注目するよりも、私の場合、その過程に注目しています。

その人は、どうしてそこまで思い詰めているんだろうか、自分には価値がない、この世界からいなくなればいいんだと思ってしまった過程は何だろうか、ということを探るために話を聞かせてもらっています。会社からリストラされたから自分の命には価値がないと考える人もおれば、小さいときから愛を受けてこなかったので、自分の命には価値がないと思って自殺に至ろうとする人もおられます。それ以外にも、経済的な問題が理由で自殺を考えている人もおられます。

さまざまな困難のなかで、自らの存在価値がないと判断してしまっている状況が分かってきます。牧師としての私は、そのような過程に寄り添うことになります。

できれば、一緒になって命の価値を発見したいと思っています。個人それぞれの事情や判断のなかにおいて、自殺したい、もしくは自殺するしかない、と思う場合があるでしょう。そのような過程のなかで、「いや、あなたは一人しかいませんよ」ということだけは伝えています。「自殺をやめろ」ではなく、それぞれの価値を一緒に探していくということです。最悪な結果とならないように、その前段階で予防を行っています。

相談頻度はそれほど多くないですが、コロナ禍では、二か月に一回ぐらい自殺の問題とか、自殺までいかないけれども「生きていて意味があるんですか?」という相談がありました。信者さんだけじゃなく、全国の、一般の人からも電話がかかってきます。どうやって私の教会の電話番号を調べたかは知りませんが、夜中にかかってくるときもあります。

もちろん、二四時間、相談は受け付けています。眠っているときはすぐに対応できませんが、着信履歴を見て、朝にかけ直しています。

命の価値について悩んでいる人がいっぱいいるんだと、正直感じています。周りの人には言わないようですが、「私の命って、価値があるの？」とか「生きている意味は何の？」、「コロナで人に会えなくなって、一人で部屋の中にいる自分を見て、何の価値があって生きているの？」といった相談が多いですね。

筆者　相談されるのはどのような人ですか？

宮崎　男女とも若い人が多いですね。お年寄りの方からは、「死後の世界はどうですか？」と聞かれたこともあります。若い人からは、「命の価値」について聞かれることが多いです。本当に自殺を考えているんだな、と思ってしまいます。

あとは、「仕事を失って」とか、いろいろな人間関係がコロナで切れてしまい、「私が生きている意味は何だろう」という相談が二か月に一回ぐらいあります。そのような場合は、寄り添いながら「命の価値」について話しています。「どうしてそんなことを思ったんですか？」と尋ねながら探るわけですが、やはり十人十色でいろいろな事情があります。でも、「価値があるよね」という話をしています。

最後には、「分かりました」と言う人もいらっしゃれば、「もう一度考えます」と言って、二回目の電話がないという人もおられます。

筆者　相談に乗る時間はどれくらいですか？

宮崎　二〇分～三〇分です。長いときは一時間ぐらいになります。相手の方が勢いよく話される場合もありますので、簡単には終わりませんね。

筆者　自殺を予防するための仕組みとして、必要だと感じるものはありますか？

宮崎　日本社会のなかで大きな問題になる部分かと思いますが、命について、人間の尊厳についての価値判断の基準を変えなければならないと思っています。一般的に社会では、何かができるから価値があるという雰囲気があります。何かの仕事ができるから、もしくは勉強ができるからという感じです。このような部分を人間の命や価値として見るのではなく、何かができても、できなくても、人間には命が与えられていること自体に価値があるというように、社会全体で教えていく必要があります。要するに、命や人間の存在価値に対する評価（考え方）を変える必要があるということです。

もちろん、頑張ったことでより高い報酬を得ることを否定しているわけではありません。しかし、根底に流れている「命」というものについて考える場合には、まったく関係のないことばかりです。

命があっての社会ですので、その命を支えること、命の本当の価値について、大切なことが訴えられる社会となるように追求していきたいです。そうすれば、自然な形でそれぞれが価値を見いだしていけますし、障がい者に対しても、「助けてあげる」とかではなく、同じ命という価値観のもと、社会全体で「生きていく」という生活スタイルが生まれるはずです。

パズルでたとえると、一つ一つのピースが人間だということです。もし、凹んでいるところがあれば、別の人が補えばいいのです。「きれいごとだ」と言われそうですが、このような社会づくりが大切だと思っています。もちろん、「お前にできるのか」と問われると答えられませんが、このことを認識して、牧師という立場でこれからも生きていきます。

最後に、読者のみなさんにお尋ねします。これまでに、「どんな姿であっても、何かができてもできなくても、命の価値は同じである」と考えたことはありますか？

約一時間、宮崎牧師にインタビューをさせていただいた。とても勉強熱心で、自身が信仰しているキリスト教だけに留まらず、進化論についても勉強し、「佐川記念神道博物館」まで行って自らの見識を広めるための努力をされている。さらに、それらについて理解したうえで、牧師の立場としての解釈をしている様子に感銘を受けてしまった。同学年である私自身、学ぶことが多かった、というのが感想である。

さて、創造主が創られた世界においては、「汝、殺す勿れ」（モーセの十戒）のように「命を殺す」ということは禁じられている。だが、自殺は実際に起こっている。キリスト教では、魂は天国か地獄に行くわけだが、自殺したら地獄に行くということではなく、イエス・キリストを信じていたのであれば、一瞬の判断ミスで、正常な判断ができなくなったとしても天国に行くのではないかという考えがあることは、残された遺族にとっては心が救われる解釈になると思われる。

そして、牧師として二四時間電話相談を受け、相談者と対話を重ね、相談者の心に寄り添う宮崎牧師の気持ちに、改めて敬意を表したいとも感じた。

インタビューの終了後、夕食を共にした。先ほどの「牧師」としての彼ではなく、「同級生」に戻って談笑したが、彼の信念というものが私の心に強く残った一日となった。

白浜バプテストキリスト教会（藤藪庸一《ふじやぶよういち》牧師）

ここからは、第3章で紹介した藤藪さんへのインタビューの続きを掲載し、宗教における自殺の解釈について記していきたい。

改めて「白浜バプテストキリスト教会」の概要を示すと次のようになる。

白浜バプテストキリスト教会は、一九五三年、リンドバーグ宣教師によって設立されたバプテスト（会衆派）の教会である。リンドバーグ宣教師の後を引き継いだ江見太郎牧師が一九七九年に「三段壁いのちの電話」をはじめとした自殺防止活動をスタートさせ、一九九九年に藤藪庸一牧師が二代目の牧師となり、その活動を引き継いでいる。そして、二〇〇六年に「NPO法人白浜レスキューネットワーク」を設立し、現在に至っている（七六ページの写真参照）。

筆者　キリスト教において、自殺はどのように言われていますか？

藤藪　キリスト教的には、やってはいけないことだとされています。やはり、与えられたものを自分で拒絶する、悔い改めるとか、神様に立ち返るチャンスを自分から放棄するという意味合いがあるから「罪だ」と言われています。

だから、細川ガラシャとか戦国時代にクリスチャンになった人たちは自害していません。みんな、磔《はりつけ》になったり、もしくは自分の部下が殺したりしていました。その背景には、こういう理由があるからです。

実際に今、私たちが「自死」とか「自殺」という問題をどのように捉えているのかというと、神様はその個人個人にどこまでその人生に介入されるかということです。たとえば、死のうと思っているそのときは、みんな一人なんですよ。集団自殺をやる人たちだって、みんなと一緒にいるかもしれませんが、結局は一人なんですよ。そのような自分に、どういうふうに神様が

COLUMN

【細川ガラシャ（1563～1600）】

明智光秀の三女で、細川忠興の正室。1600（慶長5）年、忠興が上杉征伐に出陣中、西軍石田三成がガラシャを人質に取ろうと屋敷を囲んだ。ガラシャは少し祈ったあと、屋敷内の侍女・婦人を全員集め、「わが夫が命じている通り自分だけが死にたい」と言い、彼女たちを外へ出した。

その後、自殺がキリスト教で禁じられているため、家老の小笠原秀清（少斎）がガラシャを介錯し、遺体が残らぬように屋敷に爆薬を仕掛け、火を点けて自刃している。『細川家記』の編著者は、彼女が詠んだ辞世として、「**散りぬべき時知りてこそ 世の中の 花も花なれ 人も人なれ**」と記している。

崇禅寺（大阪市東淀川区）にある細川ガラシャの墓

働かれるのか、周りで見ている私には分かりません。私たちが希望をもっているのは、ある人のエピソードです。

韓国の人なんですが、乗馬をしていたときに落馬をしたんです。打ち所が悪くて意識不明の重体になり、奇跡的に助かりましたが、「寝たきり状態」になってしまってからクリスチャンになったんです。その人の奥さんもクリスチャンで、以前から教会にずっと誘われていたんですけど、自分は絶対に信仰はもたないと思っていた人でした。

そんな人が、奇跡的に助かったときにクリスチャンになったんです。

周りの人は、「助かったからクリスチャンになったんだな」と言っていました。すると、その人が次のように言ったんです。

「実は、助からなくてもクリスチャンになっていた」

その理由を尋ねたら、「落馬して、自分が意識を失うまでの間に、すごい後悔をしたとか、なんか、走馬灯のように自分を見つめる時間があって、そのときに自分は何ていうか、イエス様に出会ったんだ」というような話をされたんです。落馬する時間なんて本当にちょっとでしょう。その間にそんなことが思えるのかというのは、私のなかで大きな希望となっています。たとえば、三段壁で飛び下りて、意識を失い、命がなくなる瞬間までの間だってかなりの時間があると思います。そこに、希望をもつようになったのです。最後の瞬間は誰にも分かりません。死亡原因として「自殺」と書かれるかもしれませんが、実際、その人が死ぬ瞬間、どのような思いであったかは分からないんです。その人と神様にしか……。

これらを裁く権利は、私にはないと思っています。「死んだらあかん」とやはり言いますが、「神様の御心を裏切ることになるんやで」と生きている人には語っています。だから、命を落とされた人々のことを神様にすべて委ねて、死にたいと悩む人には「死んだらあかん」とか「神様の御心を裏切ることになるんやで」と語りますし、ご遺族の方には、「葬儀をしません」とか「罪人です」などと言う必要はないと考えています。

宗教的な見方からすると、こんな感じですね。だから、選ばないで欲しい道ですが、選んでしまった人に対しては、本当に神様に期待したいと思っています。

もう一つ例を挙げるなら、実は私、飛び込んだけど助かった人を何人も知っているんです。海に落ちたり、すり傷いっぱいだったり、ずぶ濡れになって電話をかけてきた人がたくさんいるんです。このような事実をふまえると、実行しても死ねないという経験をしている人がいっぱいいるはずなんです。ニュースで報道される著名人の自殺未遂もそうだし、ギリギリのところで助かったという人もかなりいると思います。

そんな人たちは、自分の命を絶とうとしたのにできなかったわけです。つまり、「命」というものを握っておられるのは、その人じゃなくて神様だと思います。そう考えると、その瞬間について、私の感覚では裁くことができません。やはり、神様に委ねるしかとないと思いますし、逆に言えば、前向きに期待してもいいんだと思います。よほど辛い思いをしないかぎり、そこまでいかないはずです。

藤藪さんは、キリスト教的には自殺が禁じられていることを細川ガラシャなどの例を出して説明してくれた。また、落馬した人や三段壁で飛び下りた人の例を挙げ、命を握っているのは神様であり、そこに「牧師が裁く権利はない」と言われたことが印象的であった。さらに、遺族の方に対して「罪人」であるとか「葬儀をしません」と言う必要がないと話されていたが、残された遺族からすれば「救われる」と私も感じた。

キリスト教における自殺予防について、創愛キリスト教会の宮崎牧師から、また自殺の解釈については、宮崎牧師に加えて白浜バプテストキリスト教会の藤藪牧師から話をうかがい、両牧師が信者かどうかは関係なく相談を必要とする者に寄り添い、支援をされていることが分かった。さらに、創造主または神様が創った世界においては自殺が禁じられているものの、自殺された人について、「罪人とされるべきではない」という点についても、宗派の違う両牧師とも同じような考えをしていることに安堵した。

なぜならば、自殺しようかと悩んでいる人も苦しい思いをされているだろうが、すでに自殺された人のその後の世界は誰にも分からないし、亡くなった本人に直接聞けないからである。しかし、残された遺族からすれば、「罪人」とされるのかどうかによって今後の生き方が大きく変わってくる。残された遺族が少しでも和らぐような解釈をしていることを聞き、遺族も救われると感じたわけである。

それにしても、宮崎牧師が述べているように、牧師たちの意見が大きく分かれる点については留意が必要であろう。

第6章

仏教における自殺予防

門がない正山寺《しょうさんじ》

キリスト教における自殺予防の話を聞いたあと、仏教ではどのように取り組まれているのか疑問に思って僧侶へのつてを辿るが、なかなかつながらなかった。沖縄は「琉球神道」という多神教宗教であり、私たちがお参りする場合はお寺ではなく「御嶽《うたき》(1)」に行くのが普通なので、仏教とはまったくつながりがなかった。

いろいろ手を尽くして、やっと話をうかがえることになった僧侶も、インタビュー後に「宗派としての見解ではないので、ここだけの話にして欲しい」と言われてしまった。そこで、頼みの綱である新評論の武市氏に「仏教における自殺予防について知りたい」と相談すると、「日刊ゲンダイDIGITAL」(二〇二二年三月一八日付)の記事を送ってくれた。それは、東京都港区にある正山寺《しょうさんじ》の前田宥全住職に関する記事であった。

それを読むと、ひと言、驚いた。何と、「超宗派」で全国の僧侶が自殺予防に取り組んでいるという内容であった。記事を読んだあと、永壽山《えいじゅざん》正山寺のホームページを拝見すると、トップ画面で「あなたのお話しお聴きします」というフレーズが目に飛び込んできた。読んだ記事には「自死・自殺に向き合う僧侶の会」の紹介が中心となっていたため、住職自らが無料相談に応じていることに驚き、何としても話をうかがいたいと強く思った。

二〇二三年一月の中旬、学会に出席するため東京に行く予定となった。一二月末、正山寺のホームページの「お問い合わせ」を利用して、インタビューをさせていただきたい旨を記して送ったところ、「相談終了後の一八時以降であれば時間をつくることができます」という返事をいただき、二〇二三年一月一八日の一八時に伺うことにした。しかし、当日の午前中にメールを再びいただき、「面談の予定が変更になったので一六時に前倒しすることができます」ということだったので、一六時に伺うことにした。

本章では、永壽山正山寺における前田住職ご自身の自殺予防に対する取り組みと、「自死・自殺に向き合う僧侶の会」としての自殺予防に分けて紹介していきたい。

曹洞宗　永壽山正山寺について（前田《まえだ》宥全《ゆうせん》住職）

永壽山正山寺（https://www.shosanji.jp/）は、一六一〇（慶長一五）年に開創された曹洞宗のお寺であり、港区三田にある。最寄り駅は、地下鉄の都営浅草線の「泉岳寺」駅か、最近できたJR山手線の「高輪ゲートウェイ」駅となる。すぐ近くに「忠臣蔵」で有名な泉岳寺があるので、東京にお住まいの方であれば、おおよその地理が分かると思う。

（1）沖縄の村落で祖先神を祀る聖地のことで、小高い丘の森にあるものが多い。社殿はなく、香炉を置いて拝所《うがんじゅ》とし、近年まで男子の立入りが禁じられていた。御嶽の神は村落の守護神で、祭に際して、天上または海の彼方から飛来すると信じられており、その日には女神官や村の有力者が参拝している。一八七ページの写真参照。

泉岳寺には、浅野内匠頭《たくみのかみ》をはじめとして、赤穂浪士四十七士のお墓があるのだが、何と正山寺には、大石内蔵助の祖父（大石良欽《よしたか》）のお墓があるという。

面会の約束をしていた一六時少し前に正山寺に着き、掲示板をながめると、さまざまな対話の案内が貼られていた。通常、お寺の掲示板には「法話」か「写経」の案内ぐらいしか貼られていないものだが、ここはまったく違っていた。お目にかかる前から、ちょっと圧倒されてしまった。

インターホンを鳴らすと、すぐさま前田住職が出てこられた。事前にイメージしていた禅宗の僧侶という堅さがまったく感じられず、やさしい雰囲気を醸しだす住職であった。ご挨拶をすると、面談部屋へと招かれた。

ちなみに、前田住職は、メンタルケア協会精神対話士という資格ももっておられる。精神対話士とは、「一般財団法人メンタルケア協会」が認定している資格で、孤独感や寂しさ、心の痛みを感じている方

泉岳寺の山門と赤穂浪士の墓

（クライアント）に寄り添い、温かな対話を通して気持ちを受け入れ共感し、人生に生きがいをもち、より良い生活が送れるように精神的な支援を行うという、心の訪問ケアに関する専門職である（同協会のホームページ参照）。

永壽山正山寺における自殺予防

冒頭で私の研究や今回の趣旨、宮古島の話などを一通り説明したあとにインタビューを開始した。まずは住職になった経緯について尋ねてみた。

前田　大学は、東北福祉大学で学んでいました。福祉関係の仕事をしたいと思ってこの大学を選び、教職課程もとっていました。さて、どちらの道を進むかと考えたときに、母の実家でもある当寺の後継者継承という話がもち上がったんです。卒業と同時に永平寺（福井県）、曹洞宗の本山に

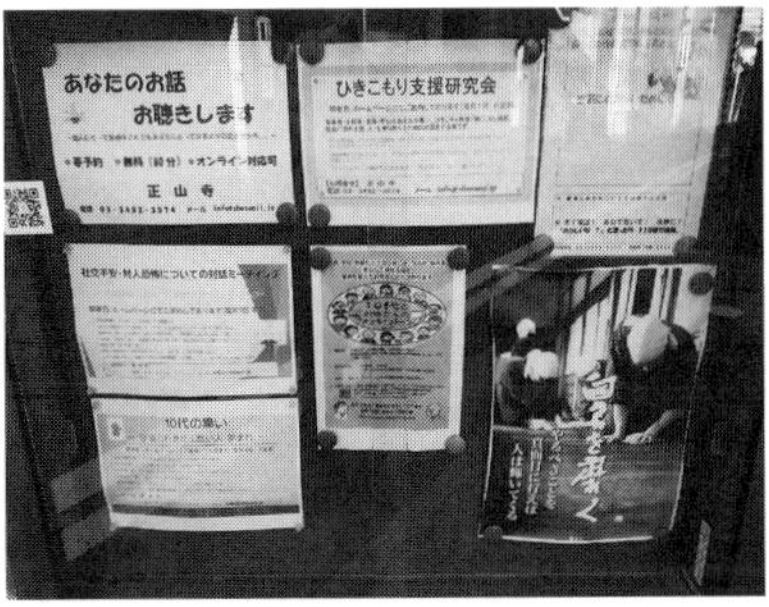

正山寺の正面と掲示板

修行に行かなければならないですが、考えた末、卒業式を待たずに永平寺に修行に行きました。修行期間は二年半でした（最低一年となっている）。

住職となった経緯についても詳しく聞きたいところであったが、時間もかぎられていたため、今回は自殺予防に絞って話をうかがうことにした。

前田住職

筆者　相談活動をはじめた経緯について教えてください。

前田　相談活動はこの寺に戻ってきてから、すぐにはじめています。元々、父が住職をしていた実家の寺（正山寺は母の実家の寺である）には信者さんがたくさん参拝に来られて、本堂で手を合わせていました。父はいつもそこにいて、いろいろな方とさまざまな話をしていました。生きづらさとか、具体的な苦しみについて話している様子を小さいときからずっと見ていましたので、寺というものはそういうものだと思っていました。

だから、修行を終えて帰ってきたとき、相談活動をするというのはごく自然なことで、それをしないという選択肢が私にはなかったのですぐにはじめました。二五歳のときでした。

筆者　自死・自殺への取り組みをはじめたきっかけを教えてください。

前田　人びとの苦悩に向き合うことを主として相談活動をはじめましたので、自殺防止というような気持ちはありませんでしたが、結果的にそうなっています。ですので、初めから自殺防止を目的にしていたわけではありません。我々の言い方をすると「無常の世の中」ですから、当然、笑顔で歩いている人でも、実はその私生活において何らかの苦しみを抱いているにちがいない、という見方をしています。そういう方々が、今の世情や社会を見たとき、ご本人の気持ちを吐露《とろ》する場所というのがなかなかありません。それを受け止めるのが寺や僧侶の役目だろうと思っています。

筆者　自死したいという方には、どのような対応をされていますか?

前田　いかにすればその方が生きていけるのか、ということを一緒に考えていきます。傾聴に徹して、その方の吐露を促し、苦難の気持ちをなるべく軽くしてあげるということももちろん大事ですが、それだけでなく、いわゆる仏教で言うとこの「四聖諦《ししょうたい》」（苦《く》、集《じゅう》、滅《めつ》、道《どう》）という教えを用います。基本的なこの世の真理を説いているものですが、この教えを用いて、その方にいろいろな気持ちとか状況の確認をしていきます。

どのような対応をするかというと、「そもそもあなたの苦しみは何ですか」と、苦しみの原因を突き止めます（苦諦《くたい》）。さらに、苦しみを明らかにしたうえで、その原因を探っていきます（集諦《しゅうたい》）。そうすれば、どのように乗り越えていくのか、あるいは払拭したらいいのかが分かるわけです（滅諦《めったい》）。そして、その乗り越え方を実践していくわけです（道諦《どうたい》）。これが「四《し》聖諦《しょうたい》」という教えの活用法です。

とはいえ、人間というものは、苦しみや問題を抱えていると心まで疲弊してしまうものですから、四聖諦を利用して、乗り越え方とともに心の苦しみをどのようにして軽減していくのか、あるいは払拭していくのかを考えます。

その術《すべ》として、「傾聴」、「関心を向ける」、「支持する」、「共感を示す」といったことを行いながら確認し、どういう苦しみなのか、どのぐらい苦しいのかを知り、心に抱えたさまざまな重荷を軽減、払拭していきます。

また、仏教には「唯識学《ゆいしきがく》」という心理学的な教えがあるのですが、それをベースにして、「とらわれ」という状態がどういうものなのかを考えます。

そもそも、物理的には「苦しみ」を抱えていないという意味で、みなさんあたかも「苦しみ」をもっているかのような状態になっています。それは何かというと、心の癖です。うつ病を患っている方なんかまさにそうですが、自ら苦しみを探して、それをわざわざつかみ取って自分のものにしてしまうわけです。いわば、自らがもてあそばれている状況であるということにまず気付いてもらいます。

いろいろと話をしていただきながら、自らが抱えている苦しみの本質を理解してもらい、「四聖諦」を活用しながら苦しみを乗り越える方法を一緒に考えていきます。

ただし、これを用いたからといって、すぐに問題が払拭されたり、苦しみがなくなるわけではありません。だから、相談者ご自身が、経験していることの不確実性に対して「耐性」がつくようにと期待しながら一緒に考えていくという感じです。

さらに、私が先導することがないようにしています。いわゆる、「私があなたを救う」的な態度にならないように気を付けながら、その方自身が考える力をつけて、生きていくための力を身につけられるようなお手伝いができればいいなと思っています。

筆者　仏教にも心理学があるのですか……。

前田　「仏教の深層心理学」と言われています。先ほど言いましたように、「唯識学」とか「唯識論」と呼ばれるものです

「なるほど」と頷きながら、一番知りたかった仏教における自殺の捉え方について尋ねてみた。

COLUMN

【唯識論】

a. 仏教の人間学であり、人間とは何か？を説いた心理学ともいえる。
b. 唯識学は、信じることよりまず理解することを教える。
c. 唯識は、現実の自分を、立ち止まって凝視することから始まる。現実の自分とは、自分の根底（無）の部分を含む存在の全体の働きを自覚することである。
d. スイスの精神医学者ユングは、「自分の体験するものはすべて心的現象にある。人間の心という永遠の事実の上に自分の基礎を築くために、自分という主観的存在（本当の無の自分）の、もっと独自にして内奥の基礎を知り、これを認識したい」という思いから、精神医学を始めた。
e. 仏陀のいう「自らを灯とし帰依処とせよ」とは、本来の自分を見つめ、それをよりどころとしなさい、ということ。（唯識学会ホームページより）

前田　それは明確です。仏教から見た「自死・自殺」というのは良し悪しではありません。私たちが物事の判断をするうえでの基準は、お釈迦さまが何を説かれていたのかということです。たとえば、ヴァッカリという修行者が自殺したことに関して、お釈迦さまは黙認されているんです。

具体的に申し上げると、ヴァッカリという修行者は重篤な病にかかってしまいました。その病が非常に苦しいものだったので、お釈迦さまに相談に行ったんです。どのように相談したかというと、「この苦しみが耐え難いので、もう死んでしまいたい、自ら死んでしまいたい」と言いました。それを聞いたお釈迦さまは、次のようにヴァッカリに尋ねています。

「その病が治ることは難しいのか？　その苦しみは耐え難いものなのか？　死が避けられないものなのか？　そして、あなた自身は生きるということに執着がないのか？　これらについて、自分なりに答えが出て、すべてに対して『こだわりがない』、あるいはすべての質問に対して『はい』であるならば、命終《みょうじゅう》もよく、後生《こうしょう》もよいものであろう」

これが仏教の立場なんです。それを聞いたヴァッカリは、その後に槍で喉を突き、自ら命を絶ったわけです。それを聞いたお釈迦さまは、「それで後生もよかろう」とおっしゃったんです。

つまり、現世で言われるような、「自殺をすると地獄に落ちる」とか「救われない」とは、お釈迦さまはひと言も言ってないんです。むしろ「救われる」と言っているんです。死を迎えることによって、苦しみから解脱《げだつ》するわけです。「解脱」というのは、解放されるという意味です。

仏教というのは妄想しない宗教ですので、事実以外のこと、真実以外のことに触れませんし、認めません。現状、苦しんでいる人が、「こんなにも苦しい状態が嫌なので死んでしまいたい」と言って死んでしまったら、苦しみから解放されたという見方をするんです。それ以外の解釈はありません。

ただし、お釈迦さまがおっしゃったことにはある条件があります。先ほどの条件を満たさない場合は「生きる」という努力をしなければなりません。生きるということを前向きに考えたうえで、より良く生かしていく方法を思考するのが仏教の考え方であると私は認識しています。

現在の「安楽死法」と重なるところがあります。経済的な問題を抱えていないか、嘆き悲しむ人はいないかなどのチェック項目があります。そのうえで認めるということです。ちょっと雑駁《ざっぱく》な言い方をしますと、ある人が選択したことに他人がとやかく言うべきではない、あるいは他人が評価するべきではない、ということでしょうね。

一方、自ら命を絶ったその人自身の行為は罪にあたるのではないか、といったようなことも指摘されています。そもそも仏教の視点から言っている時点で、自死をなさった方が出家をしているのかどうか、という点も重要になってきます。仮に出家をしている場合は、お釈迦さまが示された規範などを満たしていなければ「好ましくない」という考え方もあるでしょう。

でも、出家をしていなかったり、仏教を信仰していない人であれば、そもそも仏教的に罪かどうかというような、あるいは宗教的な罪かどうかというような判断すらできないと考えられます。仮に罪になったとして、それは何の罪かといえば、一つしかありません。残された人、つまり遺族に対する「罪悪」なんです。苦しませている、悲しませてしまっている、ということです。

しかし、仮に罪にあたるものだとしても、その罪を浄化するための仏教的な視点があると私は考えています。亡くなった方が遺族を苦しませているのではないかという苦悩を払拭させてあげるために、遺族の方が「自死」という事実を寛容に受け止めることによって、遺族自らが亡くなった方の罪を浄化するという考え方です。

このようなことを考えると、自死という問題、あるいは自死という行為は、本当に悩ましく、さまざまな問題がからんでくることが分かります。

筆者　遺族の方に関するお話をお聞かせください。

前田　ここには、遺族の方もいらっしゃいます。「自死・自殺に向き合う僧侶の会」が行う「いのちの集い」は遺族のための集いなので、たくさんいらっしゃいます。遺族の方々とのかかわりで感じるのは、「後悔」や「自責」です。なんでこんなことになってしまったのか、なぜ止めることができなかったのか、こんなことが起きる前に苦悩を和らげることはできなかったのか、というような葛藤がみなさんにあります。ご本人が亡くなっているため、いつまでも払拭できない苦しみがあります。

あとは、宗教的な問いとして、亡くなったあの人はどこに行ったんだという、非常にスピリチュアル的な問題もあります。

筆者　亡くなった方の魂はどこに行くんでしょうか？

前田　各宗派の教えや僧侶によって答えはかなり違うと思いますが、「今でも、苦しんでいるんじゃないか」という心配があるかもしれません。なぜかというと、先ほど申し上げたように、自死をした人は「地獄に落ちる」というデマが蔓延しているからです。ネット上にもそのようなことが載っていますから、それに惑わされてしまっています。

私なりに、宗派の教えであるとか、仏教の教えというのをもとに亡くられたれた方の状態を表現すると、先ほど申し上げたように、死を迎えるというのは仏教的にいうと「涅槃《ねはん》を迎えている」、「解脱を迎えている」、つまり解放されているということになりますので、苦しみのない、痛みのない、こだわりのない状態において、今は安らかな心をもっておられ、まったく苦しくない状態です。それが事実です。

たとえば、亡くなられた方のお顔を見てもそうじゃないですか。苦しい顔をしていませんよね。それが事実なんです。心も同じです。開放されている状態です。

筆者　では、心はどこに行くのでしょうか?

前田　私なりの見解といいますか、お釈迦さまの言葉を辿って答えを出そうとすると、こういうことかなと思います。

心というものは、亡くなったその人そのものですよね。私は、ここだと思っています（ご自身のすぐ近くを指す）。しかし、お釈迦さまは、亡くなられた方の居場所を「遠く」と言っています。

さまざまな宗教者が、亡くなった方の場所をいろいろと示しています。「極楽浄土」とか「天国」と言っています。難しい言葉を使うと、「仏国土《ぶっこくど》」というものもあります。仏国土というのは「仏の国」という意味です。曖昧な言葉を使っているわけですが、お釈迦さまは「遠く」と仰っているんです。

多くの人は、「遠く」と言われると物理的に遠くに行ってしまったと考えますよね。だから、星になっているとか、極楽浄土と言われるものから連想する雲の上の果てしない、どこかに穏やかな素晴らしい世界がある、と考えるわけです。しかし、私はそう思っていないんですよ。

自死した人ばかりではなく、大切な人を亡くされた方の話をうかがうと、「私がふと考えたとき、そこにあの人がいるような気がする」と仰っているんです。

私自身、小さいときから、多くの宗教者が語る亡き人の居場所というものは、にわかに信じられませんでした。「亡くなったおじいちゃんやおばあちゃん、近所のおじさんやおばさんは亡くなったあとは天国に行ってるんだよ」と言って、みんな空を見上げているんです。

そんなときに私は、「それ、嘘じゃないか」と思ったんです。なぜならば、私が亡くなったおじいちゃんやおばあちゃん、友人のことを考えたとき、いつもここに感じるんですよ（ご自身のすぐ近くを指す）。私が考えたときには、必ずこのあたりにいると感じるんです。

遺族の方々が語られるときも、「私がご飯をつくっていると、亡くなったあの人は、いつも座っていたソファで新聞を見ながら私を眺めているような気がする」とか「亡くなった私の子どもは、いつもこの腕の中にいてくれるような気がする」といった話をされます。それを聞いたとき、私の感覚はまちがっていないんだと確信します。

思ったときに、思ったところにいてくれる。つまり、たぶん私がおじいさんのことを考えて、感じようとすると「ここ」にいてくれるんですよ。でも、見えないし、触れることもできません。

このような感覚を、お釈迦さまは「遠く」と言ったのではないかと思っています。つまり、物理的な問題じゃないんです。なので私は、ご遺族の方が「亡くなったあの人はどこにいるだろう?」と聞かれたら、今のような話をしています。すると、「じゃあ、それがよく言われる極楽浄土なんですね」と言って、みなさん上を見上げます。

「いいえ、違います。あなたが今、ここで目を閉じて、懐かしい息子さん、伴侶、ご家族を思ったときにどこにいるかというと、『ここにいます』」と答えています。

そして、「その人と会えましたか? 触れ合っていますか?」と尋ねると、もちろん、「触れ合えません」と答えられる。それが、お釈迦さまがおっしゃられた「遠く」なんです。

でも、まちがいなく「ここ」にいるんです。それを、私は大事にしています。だから、決して物理的に遠くに行ってしまった、どこかに行ってしまったのではなく、会うことも触れ合うこともできないけれど、あなたが想えばいつも「ここにいる」のです。それが「遠く」ということです。

会えないから苦しい、触れられないから苦しいけど、「ここにいる」んですよ。つまり、違う次元の「ここにいる」のです。それが、亡くなられた方の居場所です。

もし、旅行がお好きな方であったなら、あなたが考えないときには旅行に行っているんでしょうね。山に行って花を眺めたり、もしかしたら空を飛んでいるかもしれません。それが亡くなられた方の心の状態、つまり「自由」なのです。私はそのように解釈しています。

ご遺族が問われる大切な亡き人の居場所については、曖昧に答えたくありません。ご遺族とっては、とても切実な「問い」なのです。だからこそ、一般的な答えではなく、私なりの考えをお伝えしています。

筆者　沖縄では「御嶽《うたき》」（一七二ページ参照）という琉球神道が一般的で、仏教について詳しく学んだことがなかっただけに、仏教の奥深さを感じるとともに勉強になりました。ところで、どのぐらいの相談件数があるのですか？

前田　おおよそ、月に六〇件から七〇件です。土日も行っています。

保里御嶽（提供：ハナグスクフォト）

日曜日もほとんど埋まっていますが、法事が午前午後にあったりするので、午後三時半からとなっています。もし、土日でも法事が入らないということが分かれば、通常どおり、午前一〇時半、午後二時、四時という形で入れています。

一日の相談件数は、多くても三件ですね。以前は四件まで受けていたのですが、やはりかなりハードな状態でした。八〇分という相談時間となっていますが、四件となるとそのほかの仕事が滞ってしまうので、本当は一日に二件までにしたいと思っています。

筆者　コロナ禍において相談者は増えましたでしょうか？

前田　新型コロナとは関係のない悩みの方が圧倒的に多いので、新型コロナによって増えたというふうには思えません。もちろん、それによって職を失ったという人もいますが……。

元々ある、内在している問題が理由でみなさん来られています。もしかすると、新型コロナがそれを増幅させたかもしれませんが、それが直接的な原因になるというのは、むしろ少ないかと思います。とはいえ、相談件数が極端に増加したのは去年（二〇二二年）の秋ぐらいからです。それがいまだに続いています。今日（二〇二三年一月）予約をいただくと三月の半ばとなりますので、二か月から三か月待ちの状態が約半年ほど続いています。

やはり一回では済まないので、リピーターの方が増えています。こういう状況もあって、どうしても予約が取りにくい状態になっています。

多くの場合、複合的ないろいろな苦しみがあって、その問題の核心というものが見えにくかったりします。だからこそ、傾聴が非常に重要となります。話を聞き、質問を重ねることによって、何がその苦しみ、生きづらさにつながっているのか、気にしているのかが明らかになっていきます。

もちろん、末期癌の方とか、難病の方もいらっしゃいますし、難病指定がされていない病の方もいらっしゃいます。

筆者　「苦しい」という話からはじまるのですか?

前田　「苦しい」と言われる方は少ないですね。なぜかというと、ここにいらっしゃる方、あるいはオンラインでつながる方にしても、苦しいから予約しているからです。話を聞いていくうちに「苦しい」という言葉は出てきますが、「苦しいです」というところからはじまるケースは少ないですね。多くの場合、状況説明のような話からはじまります。

筆者　相談される方の年代はどうですか?

前田　新規の相談者で多いのは女性ですね。だいたい四〇代、五〇代の方、そして二〇代の方ですね。男性も多くなっています。元々、男性は少ないんです。電話しても、手紙にしても、面談にしてもそうですけど、全国的にどの相談機関も圧倒的に女性のほうが多いんじゃないでしょうか。我々のところでも変わりはありませんが、最近いらっしゃる方を見ると、男性が結構増えています。

若い男性と中年層で、オンラインよりも直接いらっしゃる方が多いです。オンラインを利用される方は、やはり他県の方や海外の方が多いです。以前は、北海道や沖縄から飛行機でこっちに来られていましたが、最近はオンラインを利用されています。海外というのは、アメリカ、ドイツ、ニュージーランド、フランス……すべて日本人です。

多くの方が、ホームページで「相談僧侶」とか「相談お寺」とかで検索して、ここに行き着くみたいです。

筆者　相談方法について教えてください。

前田　電話とメールによる予約制となっています。時間という制限をかけていませんので、たまに夜中にかかってくることもあります。

また、電話相談をしてくれるんだと思ってかけてこられる方もいますが、「申し訳ないですが、回線が一回線しかないので電話相談は行っていません。ご予約をしていただいたうえで、こちらに直接お越しいただくか、オンラインでの対応となります」と伝えています。

筆者　そういうとき、相談者は何と答えていますか？

前田　多くの方が「分かりました」と言って、予約をとられます。でも、たまに、一割ぐらいの方が、「それでも、ちょっとだけ」と言う方もいらっしゃいます。そういうときには、まあ強く言われた場合ですが、「申し訳ないですが、回線が一つしかないし、お寺っていうのは万が一の電話が非常に多いものですから、面談の予約をしてもらったうえで一〇分間だけなら」という条件をつけて対応することもあります。それがきっかけとなり、面談を申し込まれる方もいらっしゃいます。

筆者　電話での相談を断られたとき、嫌なこと言われたりしませんか？

前田　それはまったくありません。「電話でお願いしたい」と強く言われる方もたまにいらっしゃいますが、電話しかダメという場合は、「こちらではお受けすることができません」と伝えて、違う窓口を教えています。

「特定非営利活動法人　自殺防止ネットワーク風」（https://www.soudannet-kaze.jp/）という、篠原鋭一さんがやっていらっしゃるお坊さんだけの団体があります。私もそこの名簿に載っていますが、そこのホームページを見ていただければ、電話での受け付けをしてくれるところが載っていますので、そちらを紹介して、「申し訳ありませんが」と言っています。

私の場合、先に謝っていますね。「大変なところ申し訳ないですが、ここは予約制で……」というふうに伝えています。「その代わり、〇〇をあたってみてください」というような言い方をしています。

筆者　役所などとの連携はありますか？

前田　行政とか、保健師さんとか、ほかの相談窓口とか、そういうところとの連携はつくりました。役所に行ってもらうというケースもあります。つなげる場合には、こちらから役所に連絡をして、おおよそのケースを話し、対応しうるものなのかどうかを確認しています。やはり、たらい回しにしてはいけませんし、付《つ》け焼刃《やきば》的になってもいけませんので。いい加減な対応しないためにも、そこを紹介する以上は、確実に何かをしてもらうために連携しています。

相談を受けたとき、ほかの支援策が必要とされる場合は、住んでいらっしゃる区や市の窓口に電話をして、「こういうケースがありますが、そちらに相談に行った場合どのような対処をしてもらえるのか、どういう対応をしているのか」と尋ねて、確約を得たうえでその方に知らせています。

筆者　役所は動いてくれますか？

前田　とても頼りになります。ご存じのように、生活保護受給申請にしても、本人一人で行くよりも、同行したほうがスムーズな対応をしてくださいます。もちろん、事前にこちらから連絡をしていますが、その意味は、私がこの人のサポートをしながらあなたにつなごうとしているんですよ、と知らせるためです。

もちろん、闇雲につなげるわけではなく、相談者が支援を受ける以上は、その人がそれなりのちゃんとした行動をとる必要があります。何もする気はないけど助けて欲しい、というのには無理があります。なので、事前にちゃんと伝えて、支援を受けるということはこういうことですよ、と説明しています。

相談者が主体となってやる気を起こさなければ支援する側だって困りますし、支援が中途半端になります。そこだけはちゃんと心得てください、と言っています。そして、「一緒に頑張りましょうね」という話をしてから役所などにつないでいます。

筆者　ほかの宗教との連携についてはどうですか？

前田　ほとんどないです。ただ、業務的なつながりはありませんが、お隣にある「キリスト友《ゆう》会《かい》[2]」からはたまに講演を頼まれたりします。あとは、この教会が母体となっている「普連土《ふれんど》学園」という女子学校がすぐ近くにありまして、そこでの講演を頼まれることもあります。このようなつながりぐらいです。

前田住職の話す内容がかなりリアルなため、まるで相談者が目の前

---

(2)　一七世紀にイングランドでつくられたキリスト教の一派。英語では「フレンド（The Religious Society of Friends）」、あるいは「クエーカー（Quakers）」と呼ばれている。ここで述べられているのは「キリスト友会　東京月会」のこと。

キリスト友会《ゆうかい》

にいるかのような錯覚を起こすほどであった。事実、私が今いる場所に、これまで多くの相談者が座られていたわけである。そんな方々の思いや悩みが、錯覚を生み出したのかもしれない。

さて次は、超宗派で取り組まれている「自死・自殺に向き合う僧侶の会」(https://bouzsanga.org/)に関するお話を聞くことにする。勉強不足がゆえ、仏教にいくつの宗派があるのか私は知らない。ただ、それぞれの宗旨のもと、教えや考え方が違うということは知っている。にもかかわらず、超宗派で取り組まれているというのだ。どんな話になるのか、非常に興味深い。

自死・自殺に向き合う僧侶の会

筆者　「自死・自殺に向き合う僧侶の会」についてお尋ねします。どういうふうに結成されたのですか?

前田　結成した当初から、この問題に着目している僧侶が三人いました。浄土宗、日蓮宗、私は曹洞宗で、それぞれが声をかけ合って、問題意識をもっている人を集めて結成されました。

筆者　普通、ほかの宗派と連携するといったことはよくあるんですか?

前田　このような明確な目的をもった任意団体という形ではないですね。ですから、我々の会は非常にレアなものです。

筆者　「自死・自殺に向き合う僧侶の会」の広がりについては？

前田　広報活動によって関心のある人が集まったときに活動の紹介をして、「一緒に活動をしませんか」という形で呼び掛けました。今は、浄土真宗、日蓮宗、曹洞宗、浄土宗、真言宗、天台宗、臨済宗、ほぼすべての伝統的な仏教教団の僧侶が会員となっています。

筆者　話が前後して申し訳ないですが、当初の三人が集まったきっかけは何だったんですか？

前田　自殺対策基本法が制定された年に署名活動が行われました。施行されたのは二〇〇七年一〇月でしたが、署名活動が行われたのは同年の五月でした。五月というのは、我々の宗派では「大施食《だいせじき》」(3)という特別な月で、各お寺のお手伝いをしながら、あるいは招いてもらいながら、大きな行事を行う月なんです。

私が五月中に足を運んだお寺は約一二軒だったと思いますが、行くたびに、自死の問題についてお話をさせていただき、檀家のみなさんの了解をとって署名活動をさせていただきました。ちょうど七〇〇名分の署名を「NPO法人　自殺対策支援センターライフリンク」(https://lifelink.or.jp/counter) の事務所（当時、神楽坂）に持っていったわけです。そしたら、その後代表を務めることになった、浄土真宗の方が事務方で仕事をしていました。

（3）　あの世ばかりか、この世で苦しむすべての人々に慈悲の心を向けて供養を営むこと。

署名を届けて帰ろうとすると、後ろから「実は私も僧侶なんだけど、一緒に会を立ち上げないか」と声をかけられたんです。そして、「もう一人、問題意識をもった人が日蓮宗にいるので、三人で集まってちょっと話をしよう」となり、会の立ち上げの話をしたというのがはじまりです。

そこから、先ほど申し上げたように、それぞれが声かけをしたり、会の紹介や宣伝をしながら会員を集めていき、今に至っています。

こういう活動をしているとき、一定の宗派にかぎると敬遠されてしまいます。たとえば、行政の方々に、「我々の宗派の人が活動しているので、よろしく」と言うと、それは特定の宗派であるということで敬遠されがちとなります。でも、「超宗派で、いろんな宗派の僧侶が集まって、任意の団体ではあるが、こういうふうにやっていますよ」と言うと、行政側も意外と受け入れ易いようです。

これが理由で、社会問題としてちゃんと取り組んでいくという意味では、いろんな宗派の人に集まってもらって会を運営したほうがよいだろうという考え方を当初からもっていました。

筆者　具体的な活動について教えてください。

前田　主な三本柱としては、年に一回の「追悼法要」、「往復書簡」、「遺族の分かち合い」です。最近では、これに加えて、オンラインで「十代の集い」をやっています。

常に研修もしていますよ。たとえば、今、手紙相談のスタッフが二六人いますが、手紙相談をするうえで、「手引き」であるとか「基本的な態度」などを細かく取り決めて、実例に沿った形で研修を行っています。また、毎月、事例検討会や事後検証会もやっています。このような研修を通して適切な対応を心掛けています。

それと同じく、「分かち合いの会」ではご遺族を招いて講演をしていただいたり、時間を見つけて、前述した「ライフリンク」とか「NPO法人　全国自死遺族総合支援センター（グリーフサポートリンク）」（https://izoku-center.or.jp/）が開催している研修会にも積極的に参加して学んでいます。

遺族とのかかわりに関しては、その気持ちを受け止めるということを主にしています。もちろん、否定はしませんし、共感的であることや、傾聴に徹するとか、積極的な関心を示すことを心掛けています。

メンバー全員が仏教者なので、ご遺族から宗教的な質問を受けるというのが我々の特徴です。先ほども言いましたように、「亡くなった人はどこに行ったんですか？」とか「世の中では自死・自殺に対して偏見があるようですが、仏教としてはどういう見解なんですか？」という質問があったりします。このような質問に対しては、濁さずに、ちゃんと正しい仏教を伝えていきましょうという姿勢が共有されています。

筆者　それぞれの宗派の見解を伝えているわけですか？

前田　宗派の、というよりは仏教の見解です。僧侶によっては、やはり偏見がある場合もあります。でも、我々の会にかぎっては、お釈迦さまの教えと照らし合わせると大きな違いがあるということをみんな理解していますので、宗派の偏っている、道理の通らない偏見のある死生観を伝えることはなく、仏教における正しい自死の見解を伝えています。

筆者　「魂はどこに行くのか」ということに対する各宗派の伝え方はどのようになっていますか？

前田　私は先ほどお話ししたように伝えていますが、ほかの方々は宗派による別の伝え方をしています。まちがっても、「地獄に行っている」というような、仏教では説かれていないことは伝えていません。たとえば、お釈迦さまは「極楽浄土」という言葉を使っていませんが、宗派によっては「極楽浄土」や「お浄土」という言葉を使っています。ちょっと漠然とした曖昧な答えになるかもしれませんが、その問いをいただいたときに浄土真宗と浄土系の方々は、「ちゃんと極楽浄土にいらっしゃいますよ」という言い方をしています。

なぜそれが「よし」とされているのかというと、多くのご遺族が、世間やまちがった見解を示している人々が言っているような、「地獄に行ってしまったのではないか」とか「救われていないのではないか」という心配を抱えていらっしゃいますから、「極楽浄土」という穏やかな場所を示してあげてもよいとしています。それを、「仏様の世界」と伝えている宗派もあります。いずれにしても、会員はご遺族の心配事に配慮しつつ伝えています。

筆者　なるほど。では、会員の構成を教えてください。

前田　東京を中心に会員は四〇名ほどで、地方に特別会員も在籍しています。メールのやり取りができる往復書簡や、年に一度の追悼法要（築地本願寺）には地方（名古屋、大阪、広島、福岡）で同じような活動をしている僧侶も参画します。年齢は二〇代後半から八〇代までとなっており、幅広く活動しています。女性の僧侶は二割ほどです。

筆者　手紙が届いたときの具体的な対応を教えてください。

前田　手紙が届いたときには、何人かが拝見するという形になっています。当寺が手紙の事務局となっていますが、今は三人、多い場合は四人体制で拝見しています。現在、二四人を九班に分けてやっています。初めての方はそのままＰＤＦ化して、順番制となっている担当者を決めて送り、担当者が文案を作成したうえで班員が推敲を重ね、返信するための手紙を作成します。最後は、担当者が手書きで清書して郵送しています。

　二通目以上の方はその担当者に送り、文案を考えるときには、担当者がほかの僧侶にも文案を送って検討してもらうという形となっています。

筆者　自死遺族に対する対応はどのようになっていますか？

前田　遺族の分かち合いというのはやはり重要です。ある種、自殺防止にもなります。後追いされるご遺族が少なくないだけに、重要な点となります。あと、こういう活動することによって、自死・自殺という大命題の底にある生きづらさに着目しているという認識が広まっているように思えます。つまり、安心して相談できるんだという気持ちになるわけです。そういう意味でも、自死・自殺というものに対するさまざまな取り組みは、人の心をちょっと開くのに、つまり相談をしやすくするためにとても重要だと思います。

全国に自死遺族の「分かち合いの会」というものがあるんですが、我々の会への参加者は、コロナ禍になってからは二五人までに制限していましたが、それ以前は五〇人ほど集まりました。今後は、状況を見て制限をなくしていくつもりです。

多ければいいという問題ではないですが、私たちとしては、宗教の担う部分で、大切な方を亡くされた方々のケアという意味で、先ほど申し上げたような活動を行っています。多くの遺族が抱えるさまざまな疑問に対して、あるいは葛藤に対して答えられているという感触をもっています。

筆者 先ほどもお尋ねしましたが、行政との連携についてもう少し詳しく教えてください。

前田 たとえば、私は港区と中央区、別の会員は大田区、あと横須賀市と横浜市でも自殺対策協議会とか協議員という役をいただいています。中央区と港区は年に二回の会議となっていますが、そこに参加して、民間の立場から意見を述べさせていただいております。このような会には、地域にある大学病院の救急医師や弁護士、薬剤師、警察署、消防署、そして保健師といった方々が集まってきます。その席において、何ができるのかと状況把握をし、それぞれの立場でできること、すべきことをディスカッションしています。

ありがたいことに、中央区にある築地本願寺という浄土真宗の本山で、長年にわたって場所をお借りして「分かち合いの会」をさせていただいたり、「追悼法要」をさせていただいております。

自殺対策協議会では、かなり活発な意見が出ますよ。行政と民間がつながりをもつということはとても重要であると思っています。

筆者　自殺予防のために大切なことといえば何になるでしょうか？

前田　悩んでいる本人が、悩みを人に話してもいいんだ、という気持ちになっていただくということでしょうか。だから、我々の立場からすると、いかにその思いを話していただけるかどうか、これがとても大事となります。

とくに経済状況に関しては、どうしてもフォローできない

築地本願寺の本堂

場合があります。我々としても、お金がなくて困っている人にお金を差し上げることはできませんし、家がなくて困っている人に家を提供することもできません。

逆にいえば、話を聞くことしかできないのです。苦しみや生きづらさを抱えている人にとって、話を聞く、話ができるということが生きるうえにおいてすごく大事なところだと、相談を受けていて感じます。なぜかというと、「今の苦しい現状は変わらないが、ここで話すことができてすごく気持ちが楽になりました」とか「生きていこうと思いました」とか「なんとか乗り切っていこうと思います」と話される方が多いからです。

このように話のできる場があるわけですから、相談していただくということがすごく大事となります。

筆者　相談するにしても「敷居の高さ」があると思うのですが、その点についてはどのようにお考えですか?

前田　おっしゃるとおりです。だから、行政の相談窓口にしても、お寺にしても、相談を受けるという方々が、生きづらさを感じている方にとって馴染みのある存在にならなければなりません。相談に乗ってくれるカウンセラー、僧侶、保健師さんではなくて「馴染みの人」、この苦しみのなかで一緒に生きている「馴染みの人」という認識が生まれるような社会になると話しやすくなると思います。

筆者　ゲートキーパー（4）の養成が全国的に取り組まれていますが、どのように考えていらっしゃいますか？

前田　難しいところですね。関心があってゲートキーパー研修を受ける人たちが、その後、日常的に、どれだけモチベーションを保っているのかということ、ここが大切だと思っています。

実は、宗教と同じだと思っています。一般の方のほうが、むしろこの点に関してはシビアに見ていらっしゃるかもしれませんが、我々宗教者、いわゆる僧侶と言われる人たちがなぜ僧侶と言われるのか、ここが一番肝心なところとなります。僧侶である以上、今日一日、この一時を僧侶として生きているから僧侶なのだと思います。つまり、誓願《せいがん》を立てて、さまざまな教えを一日の初めに反復して僧侶であるという自覚をもち、生きているから僧侶なんです。

私は、これと同じだと思っています。ゲートキーパー研修を受けたのであれば、私はゲートキーパーとして今日一日を生きるんだという自覚が大切だと思っています。今日は何も起きないかもしれない、出会わないかもしれないが、死を考えている人たちの役に立つために、常にアンテナを張りめぐらせているという覚悟をもっている人がゲートキーパーだと思います。

（4）　ゲートキーパーとは、悩んでいる人に気付き、声をかけてあげられる人のことで、「命の門番」とも位置付けられている。全国的にゲートキーパーの養成が推進されている。厚生労働省働ホームページ：https://www.mhlw.go.jp/stf/seisakunitsuite/bunya/hukushi_kaigo/seikatsuhogo/gatekeeper1.html 参照。

確かに、ゲートキーパー研修の内容はしっかりとしたものになっていますが、すそ野を広げるためにその覚悟までは問うていないように思います。もちろん、現段階でのゲートキーパーの位置付けとして、そこまで必要なのかと言われると、そうではないかもしれませんが、今後、さらに強度を増して取り組むということであれば、ゲートキーパー研修のなかに「**覚悟を問う**」ということが絶対に必要になると私は思っています。

本当にあなたは、今日一日、明日一日、そして自分の生涯をゲートキーパーとして、自覚をもって生きていくだけの覚悟がありますか？――これが大前提になるかと思います。なぜならば、人間っていうのは、どんなに大切なことでも忘れるからです。この人間の特性に目を向けて、何に対しても取り組んでいかないといけません。とくに、生命倫理に関する問題の場合は、この点がとても重要になります。自分がゲートキーパーとして人の役に立つんだという思いさえあれば、何とかなるものです。

我々が行っている「僧侶の会」では、包み隠さず、「それはどうなんだ」というそもそもの疑問や問題に目を向け、みんなで言い合える状態となっています。「あなたの宗派ではこう言ってるけど、それはどういうことなの？」、「それ、本気で言っているの？」、「このあたりが理解できないんだけど、もうちょっと教えてくれる？」といったような会話が常に行われています。

たとえば、手紙での相談をしていくうえにおいて、毎日毎日メールでのやり取りをしていくわけですが、「ここの言葉が非常に冷たく感じる」と言ったりもします。「このような伝え方はいかがなものか」とか「なぜ、こういう問いが生まれるのか」、「なぜ、こういう言葉で相手に伝えるのか」といった形で議論をして、可能なかぎりよい文案をつくり上げていきます。超宗派で行っている「僧侶の会」の、とてもいいところだと思っています。

筆者　「自死・自殺に向き合う僧侶の会」の運営費はどのようになっていますか?

前田　もちろん、みんな手弁当です。ただし、宗派によっては、任意団体が行う社会活動に対して助成制度を設けていますので、それらに申請をして運営費に充てています。そのほか、ご遺族とかが寄付をしてくださる場合もあります。これらをプールしておき、切手代など、会の活動資金に充てたりしています。

筆者　私の想像以上にお金と手間がかかるのでしょうね。

前田　そうですね。メールでのやり取りもありますし、手紙の場合、すべて手書きとなっていますので、それなりの時間がかかっているでしょうね。でも、仏教には「自利利他円満」という言葉があります。まさに、我々が行っている活動は「自利利他円満」なんです。助けを求めてくる方に対して、私たちが答えることによってその方も助かる。そして、それをすることによって我々も善行を積むことができ、心が満たされるのです。

こうやって私たちも経験を積ませていただいて、お互いが助けられている。このような考えがないとできないでしょうね。非常にありがたいことです。

余談ですが、私もたまに聞かれることがあります。「毎日毎日、こんな重い話を聞いて、死にたい、殺してやりたい、鬱々とした思いなどを聞いて、よくやっていらっしゃいますね」と。でも、仏教には「無常」という言葉があります。僧侶が偉そうにお説教とか講話をするとき、この世の無常観を説いているわけです。この世というのは常であることがない、と。いろんな変化があって、心も変化をし、状況も変化する。だから、私が主体となったときに私の思いどおりになることなんてほとんどないという意味ですが、「だから、この世は苦しいんですよ」と、偉そうなことを言っています。

私はこの活動を二〇数年続けてきたわけですが、振り返ると、「ああ、なんて軽率だったんだろう」と思います。これまで私が語ってきた無常観というのは、私が経験したなかでの無常観でしかなかったんです。ここに来られた何千という方々の話を聞くことによって、さまざまな無常観を私は知ることができました。これほどありがたいことはないです。とはいえ、まだまだ無数の無常観がありますので、学ぶべきことがたくさんあると思っています。

繰り返しますが、二〇数年この活動をさせていただいたおかげで、ここまでの無常観を私は心の中に積み上げることができました。これほど嬉しいことはありません。本当にありがたいことです。

　だから、私は苦しいとされるこの活動に希望をもっています。もちろん、苦しい思いを聞くときには私も苦しいわけですが、みなさん、乗り越えようと思ってここに来てくださっているのです。そんなみなさんの「尊厳」を感じるだけに、私はそれらを尊重していきたいです。


　約二時間以上、仏教について無知な私のインタビューに前田住職は真摯に答えてくれた。私の勝手なイメージでは、住職は「相談者に教えを説く」ものと思っていたが、前田住職の話をうかがっていると、相談者の気持ちに寄り添い、気付きを与え、支援が必要なときにはともにかかわっていらっしゃることがよく分かる。さらに、宗派を超えて相談者や自死遺族に向き合っておられる姿に感銘を受けた。

　そして、相談者へ向き合う根拠には仏教の教えがあり、「僧侶」として誓願《せいがん》を立て、一日一日を生きているという言葉、また、相談を受けることでむしろさまざまな無常観を知ることができるという話を聞いたときには、正直言って驚いてしまった。私のような一般人では計り知れない世界観をもって「僧侶」として生きておられるということだ。僧侶の世界を垣間見た瞬間であったが、たぶんそれは「ほんの少し」でしかないだろう。

　時間という物理的な物差しでは測れない重要な話を聞くことができたわけが、読まれて分かるように、学校では決して教えてくれない話ばかりである。しかし、人生を生きていくうえにおいては重要なことばかりであった。

先ほど、沖縄では「御嶽《うたき》」という琉球神道が中心となっていると言ったが、実は、お葬式などの供養はお寺さんにお願いしている家庭が多くなっている。私もこれまでに何度か列席しているが、馴染みがないため、その際に語られる僧侶の言葉などはあまり真剣に聞いていない場合が多かった。大いなる反省である。今後は改めたいと、今回のインタビューで強く思った。

お礼を述べて正山寺を辞すると真っ暗であった。一月なので当然である。そして、沖縄県民の私にはこたえる寒さであった。しかし、心の中はとても温かい。多くの相談者も、私と同じような思いで正山寺から帰っていったのだろう。そんな後ろ姿が思い浮かんでくる。

正山寺のこと、そして「自死・自殺に向き合う僧侶の会」のことがさらに広まり、悩みを抱えていらっしゃる方が訪れ、「心の病」が癒えていくことを願っている。もし、そうなると、会の方々の負担がさらに大きくなってしまう。それも気の毒なことである。やはり行政のサポートが重要になってくる。各自治体の今後の対策に期待したい。

付録　自殺を踏み留めるための支援一覧

ここでは、自殺を踏み留めるために利用できる支援について紹介していくことにする。ちょっとお役所的な紹介となるが、本書の「付録」として捉えていただき、もし最悪なる状況に陥ったときとか、周りにその対象者がおられる場合の参考としていただきたい。以下に紹介した機関や制度を知ることによって、対処方法が変わってくるからだ。必ず、どこかに逃げ道はある、と信じて欲しい。

心の相談支援機関

❶公的、民間の相談機関——公的な相談機関への相談として、都道府県・政令指定都市が実施している「こころの健康相談統一ダイヤル」(https://www.mhlw.go.jp/stf/seisakunitsuite/bunya/hukushi_kaigo/seikatsuhogo/jisatsu/kokoro_dial.html)がある。全国どこからでも共通の電話番号に連絡すれば、電話をかけた所在地の公的な相談機関に接続され、相談に乗ってもらうことができる。

民間の相談窓口としては、「特定非営利活動法人　自殺対策支援センターライフリンク」があり、電話相談、チャット相談、メール相談にも対応している。また、「一般社団法人社会的包摂サポートセンター」（https://www.since2011.net/yorisoi/）では「よりそいホットライン事業」を行っており、二四時間対応となっている。そのほか、「一般社団法人日本いのちの電話連盟」に加盟しているセンターが五〇軒となり（二〇二二年現在）、約五八〇〇名の相談員が活動している。

❷女性のための相談機関——女性のための相談機関である「特定非営利活動法人BONDプロジェクト」（https://bondproject.jp/）では、一〇代から二〇代の女性のためのLINE相談や電話相談、メール相談を受け付けている。また横浜には、同団体が運営する「bond Project@よこはま相談室【10代20代のためのカフェ型相談室】」があり、気軽に相談できるようになっている。

❸子ども向けの電話相談窓口——子どもの相談窓口としては、文部科学省が設置している「子供こどものSOSの相談窓口」（https://www.mext.go.jp/a_menu/shotou/seitoshidou/06112210.htm）がある。ここに連絡すると、電話やSNSのほか、地元で相談できる窓口を紹介してもらえる。そのほか、「特定非営利活動法人チャイルドライン支援センター」（https://childline.or.jp/）では、一八歳までであれば相談が可能となっている。

表付－1　こころの相談支援機関一覧

相談機関名	対応内容等
こころの健康相談統一ダイヤル 電話番号：0570－064－556	□相談に対応する曜日・時間は都道府県・政令指定都市によって異なる。 □以下の時間は公益社団法人日本精神保健福祉士協会、一般社団法人日本公認心理師協会が対応 月曜日～金曜日相談可能時間：18:30～22:30
特定非営利活動法人 自殺対策支援センターライフリンク 電話番号：0120－061－338	□電話相談時間 日曜日、月曜日、火曜日、金曜日、土曜日、 00:00～24:00 水曜日、木曜日6:00～24:00 □ LINE、Web 相談 毎日：11:00～22:30（22:00まで受付）
一般社団法人 社会的包摂サポートセンター 電話番号：0120－061－338 （岩手県、宮城県、福島県は0120－279－338）	□24時間対応 暮らしの困りごと、悩みの相談 DV、性暴力など女性の相談 死にたいほどつらい方の相談 10代20代の女の子の相談 外国語による相談 性別の違和や同性愛などに関わる相談 さまざまな災害で被災された方の相談
一般社団法人 日本いのちの電話連盟 電話番号：0120－783－556	□毎日：16:00～21:00 □毎月10日8:00～翌日8:00
特定非営利活動法人 東京メンタルヘルス・スクエア LINE、SNS による相談 （必要に応じて電話相談）	□毎日 12:00～15:50（15:00まで受付） 17:00～20:50（20:00まで受付） 21:00～23:50（23:00まで受付） □月曜日：4:00～6:50（6:00まで受付） □毎月１回　最終土曜日から日曜日 24:00～5:50（5:00まで受付）

（次ページに続く）

相談機関名	対応内容等
特定非営利活動法人 あなたのいばしょ	□チャット相談（24時間対応）
特定非営利活動法人 BOND プロジェクト 電話番号：曜日により異なる	□10代～20代の女性が対象 □電話相談 ・080－9501－5220 月曜日、土曜日：18:00～21:00 ・070－6648－8318 水曜日、日曜日：14:00～19:00 □ LINE 相談 月曜日、水曜日、木曜日、金曜日、土曜日 10:00～22:00（21:30まで受付） □メール相談（24時間対応） □カフェ相談室 水曜日、日曜日：13:00～19:00
子供の SOS の相談窓口 電話番号：0120－0－78310	□24時間対応 □電話や SNS、地元の相談できる窓口を紹介
特定非営利活動法人 チャイルドライン支援センター 電話番号：0120－99－7777	□18歳未満対象 □電話相談 毎日：16:00から21:00 □チャット 月によって異なる：16:00から21:00
特定非営利活動法人 全国自死遺族総合支援センター 電話番号：03－3261－4350	□電話相談（祝祭日は休み） 木曜日：10:00～20:00 日曜日：10:00～18:00 □メール相談

❹自死遺族のための相談窓口――自死遺族のための相談機関として、「全国自死遺族総合支援センター」（https://izoku-center.or.jp/）がある。自死遺族相談ダイヤル、メールによる自死遺族の分かち合いと相談ができる。また、遺族の集いや認知行動療法の手法を用いたワークショップなども行われている。同ホームページでは、全国各地の遺族の集い（分かち合いの会）を検索することができる。

これらの対応時間や連絡先については**表付－1**として示しているので参照いただきたい。ホームページなどを確認したうえ、ためらうことなく相談して欲しい。もちろん、これら以外にも多くの相談機関があるので、インターネットなどで検索していただきたい。

フードバンクなどの食料支援

食料支援として、フードバンクやフードパントリーなどがある。フードバンクは、支援が必要な人に食材を届けるという取り組みで、企業や個人などが運営し

離島にある社会福祉協議会のフードバンク

ており、新型コロナウイルス感染症を背景に急増したという印象がある。

テレビなどでも紹介されているように、全国的にさまざま地域で取り組まれているので、インターネットで検索すれば必ず見つかる。たとえば、「セカンドハーベストジャパン」（https://2hj.org/）では、東京都、神奈川県、埼玉県が中心になるが、食料を必要とする個人向けにフードパントリー（食品の受け渡し場所）を展開している。また、各市町村の社会福祉協議会では、フードバンクを運営していることも多いので、食料の支援が必要な場合には最寄りの市町村社会福祉協議会に相談されるといいだろう。

前ページの写真は、私が研究で訪れた離島にある社会福祉協議会のフードバンクだが、都市部では大規模に実施しているところが多いようだ。

社会福祉協議会の貸付制度

貸付制度としては、社会福祉協議会の生活福祉資金の貸し付けがある。対象は以下の世帯となっている。

❶低所得世帯――資金の貸し付けにあわせて必要な支援を受けることにより独立自活できると認められる世帯であって、必要な資金を他から借り受けることが困難な世帯（市町村民税非課税程度）。

❷障害者世帯——身体障害者手帳、療育手帳、精神障害者保健福祉手帳の交付を受けた者（現に障害者総合支援法によるサービスを利用しているなど、同程度と認められる者を含む）の属する世帯。

❸高齢者世帯——六五歳以上の高齢者の属する世帯（日常生活上療養または介護を要する高齢者など）。

貸付には、①総合支援資金、②福祉資金、③教育支援資金、④不動産担保型生活資金がある（**表付－2**参照）。①総合支援資金では、生活再建までの間に必要な生活費用（生活支援品）や敷金、礼金などといった住宅の賃貸契約を結ぶために必要な費用（住居入居費）、生活を再建するために一時的に必要かつ日常生活費で賄うことが困難である費用（一時生活再建費）の貸付が受けられる。

②福祉資金では、福祉費として生業を営むために必要な経費や技能習得に必要な経費およびその期間中の生計を維持するために必要な経費、緊急小口支援金として緊急かつ一時的に生計の維持が困難となった場合に貸し付ける少額の費用（一〇万円以内）の貸付が受けられる。ただ、総合支援資金および緊急小口資金については、すでに就職が内定している場合などを除いて、生活困窮者自立支援制度（後述参照）における自立相談支援事業の利用が貸付の要件となる。

貸付条件				
貸付限度額	据置期間	償還期限	貸付利子	連帯保証人
（二人以上）月20万円以内（単身）月15万円以内 ・貸付期間：原則３月、最長12月以内（延長３回）	最終貸付日から６月以内	据置期間経過後10年以内	・連帯保証人あり（無利子） ・連帯保証人なし（年1.5%）	原則必要 ただし、連帯保証人なしでも貸付可
40万円以内	貸付けの日（生活支援費とあわせて貸し付けている場合は、生活支援費の最終貸付日）から６月以内			
60万円以内				
580万円以内 ※資金の用途に応じて上限目安額を設定	貸付けの日（分割による交付の場合には最終貸付日）から６月以内	据置期間経過後20年以内	・連帯保証人あり（無利子） ・連帯保証人なし（年1.5%）	原則必要 ただし、連帯保証人なしでも貸付可
10万円以内	貸付けの日から２月以内	据置期間経過後12月以内	無利子	不要
（高校）月3.5万円以内 （高専）月６万円以内 （短大）月６万円以内 （大学）月6.5万円以内 ※特に必要と認める場合は、上記各限度額の1.5倍まで貸付可能	卒業後６月以内	据置期間経過後20年以内	無利子	原則不要 ※世帯内で連帯借受人が必要
50万円以内				

（218、219ページに続く）

表付－２　生活福祉資金一覧（全国社会福祉協議会ホームページより）

資金の種類		
総合支援資金（注）	生活支援費	・生活再建までの間に必要な生活費用
	住宅入居費	・敷金、礼金等住宅の賃貸契約を結ぶために必要な費用
	一時生活再建費	・生活を再建するために一時的に必要かつ日常生活費で賄うことが困難である費用 ・就職・転職を前提とした技能習得に要する経費滞納している公共料金等の立て替え費用 ・債務整理をするために必要な経費等
福祉資金	福祉費	・生業を営むために必要な経費 ・技能習得に必要な経費及びその期間中の生計を維持するために必要な経費 ・住宅の増改築、補修等及び公営住宅の譲り受けに必要な経費 ・福祉用具等の購入に必要な経費 ・障害者用の自動車の購入に必要な経費 ・中国残留邦人等に係る国民年金保険料の追納に必要な経費 ・負傷又は疾病の療養に必要な経費及びその療養期間中の生計を維持するために必要な経費 ・介護サービス、障害者サービス等を受けるのに必要な経費及びその期間中の生計を維持するために必要な経費 ・災害を受けたことにより臨時に必要となる経費 ・冠婚葬祭に必要な経費 ・住居の移転等、給排水設備等の設置に必要な経費 ・就職、技能習得等の支度に必要な経費 ・その他日常生活上一時的に必要な経費
	緊急小口資金（注）	・緊急かつ一時的に生計の維持が困難となった場合に貸し付ける少額の費用
教育支援資金	教育支援費	・低所得世帯に属する者が高等学校、大学又は高等専門学校に就学するのに必要な経費
	就学支度費	・低所得世帯に属する者が高等学校、大学又は高等専門学校への入学に際し必要な経費

貸付条件				
貸付限度額	据置期間	償還期限	貸付利子	連帯保証人
・土地の評価額の70％程度 ・月30万円以内 ・貸付期間 借受人の死亡時までの期間又は貸付元利金が貸付限度額に達するまでの期間	契約の終了後３月以内	据置期間終了時	年３％、又は長期プライムレートのいずれか低い利率	必要 ※推定相続人の中から選任
・土地及び建物の評価額の70％程度（集合住宅の場合は50％） ・生活扶助額の1.5倍以内 ・貸付期間 借受人の死亡時までの期間又は貸付元利金が貸付限度額に達するまでの期間				不要

※　貸付にあたっては、各都道府県社協によって定められている審査基準により審査・決定されます。

③教育支援資金では、教育支援費として低所得世帯に属する者が高等学校、大学または高等専門学校に就学するのに必要な経費、修学支援費では、低所得世帯に属する者が高等学校、大学または高等専門学校への入学に際し、必要な経費の貸付が受けられる。

④不動産担保型生活資金では、不動産担保型生活資金として低所得の高齢者世帯に対し、一定の居住用不動産を担保として生活資金を貸し付ける資金、要保護世帯向け不動産担保型生活資金では、要保護の高齢者世帯に対し、一定の居住用不動産を担保として生活資金を貸し付ける資金がある。

これらの貸付は、必ずしも連帯保証人をつける必要がなく（原則は必要）、貸付利子も無利子かまたは低くなっている。窓口は居住地の市町村社会福祉協議会となっているので、必要時には相談に行っていただきたい。

資金の種類		
不動産担保型生活資金	不動産担保型生活資金	・低所得の高齢者世帯に対し、一定の居住用不動産を担保として生活資金を貸し付ける資金
	要保護世帯向け不動産担保型生活資金	・要保護の高齢者世帯に対し、一定の居住用不動産を担保として生活資金を貸し付ける資金

（注）総合支援資金および緊急小口資金については、既に就職が内定している場合等を除いて生活困窮者自立支援制度における自立相談支援事業の利用が貸付の要件となります。

法的なトラブルや債務整理

法的なトラブルや債務整理については、国によって設立された「日本司法支援センター（法テラスhttps://www.houterasu.or.jp）」がある。法テラスでは、経済的に余裕がない人への無料法律相談を行っており、一回三〇分程度を目安に、同一問題につき三回まで利用可能となっている。また、経済的に余裕のない人を対象として、弁護士・司法書士に依頼をした際の費用（着手金や実費）などの立て替えも行っている。

夫婦や男女間のトラブル、借金・貸付の問題、労働の問題など、専門家に相談することで抱えている問題の解決を図ることができる。

法テラスは全国各地に事務所が設置されているので、インターネットなどで近くの事務所を検索し、問い合わせをしていただきたい。また、自治体や市町村社会福祉協議会などでも、弁護士や司法書士といった専門家による無料法律相談会などが開催されている。

生活困窮者支援制度

生活困窮者の自立の促進を図ることを目的に、二〇一三年に「生活困窮者自立支援法」（平成二五年法律第百五号）が施行され、二〇一五年四月から、生活困窮者支援がはじまった。同制度は、相談や家賃の貸付など、生活困窮者の自立に向けた支援事業である。私も、市役所職員時代に主任相談員として従事した経験がある。

相談先は、都道府県の福祉事務所（町村の場合）、市の福祉事務所または委託事業所である。

❶自立相談支援事業――生活において困り事や不安を抱えている場合、支援員が相談を受け、どのような支援が必要かを相談者と一緒に考え、具体的な支援プランを作成し、寄り添いながら自立に向けた支援を行っている。

❷住居確保給付金――離職などによって住居を失った人、または失う恐れの高い人には、就職に向けた活動をするなどを条件に、一定期間、家賃相当額が支給される。生活の土台となる住居を整えたうえで、就職に向けた支援が受けられる。

❸就労訓練事業――直ちに一般就労することが難しい人のために、その人に合った作業機会を提

供しながら、個別の就労支援プログラムに基づき、一般就労に向けた支援を中・長期的に実施するという「就労訓練事業」（いわゆる「中間的就労」）が受けられる。

❹家計改善支援事業――家計状況の「見える化」と根本的な課題を把握し、相談者が自ら家計を管理できるように、状況に応じた支援計画の作成、相談支援、関係機関へのつなぎ、必要に応じて貸付のあっせんなどといった支援が受けられる。

❺一時生活支援事業――住居をもたない方、またはネットカフェなどの不安定な住居形態にある人に、一定期間、宿泊場所や衣食が提供される。退所後の生活に向けて、就労支援などの自立支援も受けられる。

❻生活困窮世帯の子どもの学習・生活支援事業――子どもの学習支援をはじめ、日常的な生活習慣、仲間と出会い活動ができる居場所づくり、進学に関する支援、高校進学者の中退防止に関する支援など、子どもと保護者の双方に必要な支援が受けられる。

生活保護制度

生活保護法（昭和二五年法律第百四十四号）については聞かれたことがあると思うが、内容について誤解があると思われるため紹介しておこう。

生活保護法の目的は、「日本国憲法第二五条に規定する理念に基づき、国が生活に困窮するすべての国民に対し、その困窮の程度に応じ、必要な保護を行い、その最低限度の生活を保障するとともに、その自立を助長することを目的とする」と謳われている。日本国憲法第二五条第一項には、「すべて国民は、健康で文化的な最低限度の生活を営む権利を有する」という国民の権利、そして第二項には「国は、すべての生活部面について、社会福祉、社会保障及び公衆衛生の向上及び増進に努めなければならない」という国の義務が謳われている。

要するに、国民は要件を満たすかぎり、法律による保護を無差別平等に受けることができ、健康で文化的な生活水準を維持することができる、と明記されているわけだ。

次に示す保護が受けられるが、その相談窓口は、都道府県の福祉事務所（町村の場合）、市の福祉事務所となる。

❶**生活扶助**――日常生活に必要な費用（食費・被服費・光熱費など）が支給される。
❷**教育扶助**――義務教育を受けるために必要な学用品費が支給される。
❸**住宅扶助**――アパートなどの家賃が支給される。
❹**医療扶助**――医療サービスの費用が支給される。費用は、直接医療機関へ支払われる。
❺**介護扶助**――介護サービスの費用が支給される。費用は直接介護事業者へ支払われる。
❻**出産扶助**――出産費用として定められた範囲内で実費が支給される。

❼生業扶助——就労に必要とされる技能の修得などにかかる費用について、定められた範囲内で実費が支給される。

❽葬祭扶助——総裁費用として定められた範囲内で実費が支給される。

このように、生活保護制度ではこれら八種類の扶助がある。とくに、生活費がない、アパートなどの費用が払えない、医療費がない、などといったことが該当すると思われるが、相談することでその費用が支給されるということである。

自殺を踏み留めるための支援策としては、このようにさまざまなものがある。もちろん、これら以外にも、全国にはさまざまな領域において多くの支援が存在しているので、本書を読んだことをきっかけにして、現在住まわれている地域の情報を調べていただきたい。

誰しも辛いときには相談が必要となるし、生きていくためには食料やお金が必要となる。普段から周囲の人とのコミュニケーションを豊富にして、相談できる人を見つけておくという姿勢が必要となるが、仮にそういう人がいない場合でも、専門家に相談ができるし、セーフティネットとしての生活保護制度があることを知っておいてほしい。

仮に、死にたいと思うほど追い詰められたときでも、まずは必要な支援を求めて解決策を探るというのも一つの手段である。

あとがき

青木ヶ原樹海へのインタビューから一年半が経過し、ようやく本書をまとめることができた。当初は研究の一環でしかなく、本になるとは思ってもいなかった。そのきっかけとなったのは、新評論の武市一幸氏との再会である。

私が宮古島の県立病院に勤務していたとき、嶋守さやか先生（現・桜花学園大学教授）が宮古島の精神障がい者について書かれた本を出版された（学生のころの私も少し掲載されている）。その出版を祝う会が宮古島で開かれたのだが、その際、武市氏も一緒に来られていた。そのときが初めての出会いであり、そこから約一八年にわたってお世話になっている。

青木ヶ原樹海のインタビューを行った翌日、武市氏に東京で会い、お酒をともにした。その際、自殺の現状に関する話になったのだが、「波名城君が見聞きしたことを本にすれば、自殺の現状を知ってもらうとともに抑止力につながるのでは」と、武市氏が出版の話をもちかけてくれた。

その後、約半年をかけて、自殺のハイリスク地で自殺防止に取り組んでいる三段壁の「白浜レスキューネットワーク」の代表であり、白浜バプテストキリスト教会の牧師である藤藪庸一牧師、東尋坊の「ＮＰＯ法人　心に響く文集・編集局」の茂幸雄さん、宗教家として相談支援をされている創愛キリスト教会の宮崎聖牧師、正山寺の前田宥全住職にインタビューをさせていただいたわけである。

自殺ハイリスク地では、今まさに自殺をしようとしている人を「死んだらあかん」と死の淵から引き戻し、彼ら彼女らの悩みを受け止め、必要であれば解決・支援するという形で、暗い過去から明るい未来へと人生の再出発ができるような後押しがされていた。

また、宗教家では、信者かどうかは問わず受け入れ、相談者の苦悩に向き合い、気付きを促し、やはり明るい未来へ向けた再出発を後押しされていた。知ることができない死後の世界についていえば、残された遺族の苦悩は耐えがたいものである。とくに遺族にとっては、宗教家は何事にも代えがたい存在になると感じられた。

現在、自殺者を減らすために、さまざまな分野において自殺予防に向けた取り組みが行われている。二万人を超えた自殺者がゼロになることは難しいかもしれないが、「かぎりなくゼロ」になるために人生をかけて阻止している人々がいることを知ってほしい。

当たり前のことだが、一度、死んでしまったら、そのあとはない。「次こそは……」はないのである。亡くなって後悔したかどうか、死後の世界を知る術《すべ》は私にはないが、確実に言えることは、残された遺族や仲間は、「あのとき話を聞いていれば……」と後悔の念に苛まれているという事実である。

少ししか紹介できなかったが、終章に記したように、現在においても日本には多くの「使える人・資源・カネ」がある。きつい、悲しい、辛いかもしれないが、ぜひ「使える人・資源・カネ」を利用して、自分の命を大事にし、生き延びて欲しいと心より願っている。

最後に、本稿においてインタビューに協力していただいたみなさま、また進みの遅い私を励まし、情熱的に背中を押してくれた新評論の武市一幸氏に心より感謝を申し上げたい。みなさま、本当にありがとうございました。

二〇二三年一一月

波名城　翔

付記　本書の内容の一部は、ＪＳＰＳ科研費「JP19k14003」の助成を受けて実施したものである。

参考文献一覧

書籍・論文など

・雨宮処凛（二〇〇二）『自殺のコスト』太田出版。
・石原慎太郎（二〇〇九）『生死刻々』文藝春秋。
・井原一成・張賢徳・山内貴史他（二〇一九）「人口動態と警察統計における自殺者数の差を実証的に検証する――川崎市における検討――」『自殺予防と危機介入』第39巻第1号。
・音好宏（二〇二一）「特集　自殺の現状と予防対策――ＣＯＶＩＤ－19の影響も含めて　自殺とメディアの諸相――マスコミ効果研究から考える『自殺とメディア』」、『精神医学』第63巻第7号。
・茂幸雄（二〇一四）『これが自殺防止活動だ…！』太陽出版。
・茂幸雄（二〇二二）『親愛なる内閣総理大臣さま　命の防波堤　東尋坊より』（私家本）。
・末木新（二〇二〇）『自殺学入門――幸せな生と死とは何か』金剛出版。
・寿々木剛志・八代里香・田畑千穂子（二〇一七）「離島・へき地における医療・福祉職者の防災に関する認識」、『日職災医誌』65巻、二〇一七年、六八〜七四ページ。
・鶴見済（一九九三）『完全自殺マニュアル』太田出版。
・デュルケーム／宮島喬訳（二〇一八）『自殺論』中央文庫。
・本橋豊・木津喜雅・吉野さやか（二〇二一）「特集・自殺の現状と予防対策――ＣＯＶＩＤ－19の影響も含めてＷＨＯの自殺予防戦略」、『精神医学』第63巻第7号。
・宮下牧恵（二〇二三）「著名人の自殺はどのように報じられているか」、『放送研究と調査』第73巻第3号。
・太刀川弘和・池田雄太郎（二〇二一）「有名人の模倣自殺とメディア」、『精神科治療学』第36巻第8号。

・波名城翔・下地由美子（二〇一七）「宮古島市における自殺対策――うつ病者等を対象とした認知行動療法の取り組み」、『島嶼研究』第19巻第1号。
・藤藪庸一（二〇一九）『あなたを諦めない　自殺救済の現場から』いのちことば社フォレストブックス。
・松本清張（一九七二）『松本清張全集18　波の塔』文藝春秋。
・武藤杏里・鈴木航太（二〇二三）「著名人の自殺報道が自殺者数に及ぼす影響――性別、年齢階級別の効果について」、『第四十七回日本自殺予防学会総会プログラム抄録集』。
・厚生労働省「自殺多発地域（ハイリスク地）支援の在り方に関する調査」報告書（抜粋）
・厚生労働省「地域における自殺の基礎資料」

白書・新聞など
・厚生労働省「令和5年版自殺対策白書」
・毎日新聞（東京版朝刊）一九七四年四月二五日付「『波の塔』まくらに樹海で若い女性が自殺」
・朝日新聞（東京朝刊）一九七八年六月五日付付「富士山ろく青木ケ原　魔の樹海に泣く地元　自殺者捜索・ゴミ清掃　月曜ルポ」
・朝日新聞（山梨県版）一九九三年一〇月二〇日付「『自殺マニュアル』迷惑千万　青木ケ原樹海で遺体を発見」
・毎日新聞（山梨県版）一九九八年一一月五日付「［追跡］山梨　自殺急増、地元『困った』青木ケ原樹海、既に過去最高六三人」
・毎日新聞（和歌山県版）二〇〇六年一〇月四日付「白浜町：『三段壁』の転落者救助用、手すりや金輪など新調――140カ所」
・山梨日日新聞　二〇一二年五月三一日付「『樹海映画撮影は配慮を』横内知事、石原氏に求める」

・山梨日日新聞　二〇一三年一一月六日「石原慎太郎『撮るものは撮る』」
・毎日新聞（山梨県版）二〇一七年一二月二七日付「青木ケ原樹海：人気じわり『自殺』のイメージから観光地へ　富士が育んだ原生林、町民ら案内」
・朝日新聞（静岡県版）二〇二〇年一一月七日付「西湖　貞観大噴火が生んだ地形」
・朝日新聞（朝刊）二〇二三年九月九日付「タレントの自殺報道後、増える自殺対策白書案に分析結果『取り組み必要』」

関係機関のウェブサイト一覧

・一般社団法人社会的包摂・サポートセンター　https://www.since2011.net/yorisoi/
・一般社団法人日本いのちの電話連盟　https://www.inochinodenwa.org/
・一般財団法人メンタルケア協会　https://mental-care.jp/
・いのち支える自殺対策推進センター（ＪＳＣＰ）https://jireidb.jscp.or.jp/
・ＮＰＯ法人　心に響く文集・編集局　http://toujinbou4194.com/
・厚生労働省、ｅ－ヘルスネット　https://www.e-healthnet.mhlw.go.jp/
・こころの健康相談統一ダイヤル　https://www.mhlw.go.jp/stf/seisakunitsuite/bunya/hukushi_kaigo/seikatsuhogo/jisatsu/kokoro_dial.html
・自殺総合対策推進センター「自殺対策を推進するためにメディア関係者に知ってもらいたい基礎知識」https://www.mhlw.go.jp/content/000526937.pdf
・自殺防止センター　https://ja.wikipedia.org/wiki/%E8%A5%BF%E5%8E%9F%E7%94%B1%E8%A8%98%E5%AD%90%E5%AD%90%AD%90

・白浜町「白浜町第1期自殺対策計画～こころといのちを大切に～」http://www.town.shirahama.wakayama.jp/ikkrwebBrowse/material/files/group/25/jisatsutaisakuR1.pdf
・白浜バプテスト教会　http://www.aikis.or.jp/~fujiyabu/
・白浜レスキューネットワーク　https://www.srnw.or.jp/
・生活保護法　https://elaws.e-gov.go.jp/document?lawid=325AC0000000144
・全国社会福祉協議会　https://www.shakyo.or.jp/
・曹洞宗永壽山正山寺　https://www.shosanji.jp/
・特定非営利活動法人あなたのいばしょ　https://talkme.jp/
・特定非営利活動法人自殺対策支援センターライフリンク　https://lifelink.or.jp/
・特定非営利活動法人セカンドハーベストジャパン　https://2hj.org/
・特定非営利活動法人チャイルドライン支援センター　https://childline.or.jp/
・特定非営利活動法人 東京メンタルヘルス・スクエア　https://www.npo-tms.or.jp/
・特定非営利活動法人ＢＯＮＤプロジェクト　https://bondproject.jp/
・日本司法支援センター　https://www.houterasu.or.jp
・文部科学省「子供のＳＯＳの相談窓口」https://www.mext.go.jp/a_menu/shotou/seitoshidou/06112210.htm
・山梨県「富士・東部保健所における自殺防止の取り組みについて」https://www.pref.yamanashi.jp/ft-hokenf/suicide-guideline1.html
・山梨県「自殺企図者対応の手引き」https://www.pref.yamanashi.jp/documents/28200/tebiki201912.pdf

著者紹介

波名城　翔（はなしろ・しょう）

1983年、沖縄県宮古島出身。
西南学院大学大学院修士課程修了。
障害福祉サービス事業所、県立病院、市役所職員（高齢、障害、生活困窮）を経て大学教員へ転職。
2018年より、琉球大学人文社会学部人間社会学科 専任講師。
専門は、島嶼における精神障害者支援、島嶼の自殺対策
精神保健福祉士／社会福祉士
2023年10月より沖縄県公立学校教職員メンタルヘルス対策検討会議委員
2023年11月より沖縄県自殺対策連絡協議会委員

自殺対策に関する主な論文
・「離島自治体における自治体外自殺者の特徴」島嶼地域科学3、pp.95-107. 2022年6月
・「離島市町村における自殺死亡の現状と社会生活指標との関連」厚生の指標69(12) pp.23-30. 2022年10月
・「離島市町村における自殺対策の取り組みの現状と課題――アンケート調査から」九州社会福祉学(19) pp.51-65. 2023年3月

自殺者を減らす！
――ゲートキーパーとしての生き方――

2024年1月25日　初版第1刷発行

著　者　波 名 城　翔
発行者　武 市 一 幸

発行所　株式会社 新 評 論

〒169-0051
東京都新宿区西早稲田3-16-28
http://www.shinhyoron.co.jp

電話　03(3202)7391
FAX　03(3202)5832
振替・00160-1-113487

落丁・乱丁はお取り替えします。
定価はカバーに表示してあります。

印　刷　フォレスト
製　本　中永製本所
装　丁　山田英春

Printed in Japan
ISBN978-4-7948-1256-8

好 評 既 刊

ドクターファンタスティポ★嶋守さやか

寿《ことほ》ぐひと

原発、住民運動、死の語り

生死の語りが繰り返される日々の中、対立と分断を超えて信頼・助け合い・共感の地域社会を共に築くための備忘録。

四六並製　284 頁　2640 円　ISBN978-4-7948-1161-5

ドクターファンタスティポ★嶋守さやか

孤独死の看取り

孤独死、その看取りまでの生活を支える人たちをインタビュー。山谷、釜ヶ崎…そこに暮らす人々のありのまま姿と支援の現状を紹介。

四六並製 248 頁 2200 円　ISBN978-4-7948-1003-8

BRIS＋モニカ・ホルム編／谷沢英夫訳／平田修三解説

子どもの悲しみとトラウマ

津波被害後に行われたグループによる支援活動

スウェーデンで行われた津波被災児童のグループ支援法に、震災で深い心の傷を負った子どもたちのケアの要諦を学ぶ。

四六並製　240 頁　2420 円　ISBN978-4-7948-0972-8

いのうえせつこ

子ども虐待

悲劇の連鎖を断つために

虐待を受けて育った多くの子どもたちが成人後に妻や子どもへの暴力の加害者となってしまう"虐待の連鎖"を、どのようにして断ち切るか。

四六並製　192 頁　1980 円　　ISBN4-7948-0496-2

いのうえせつこ

女性への暴力

妻や恋人への暴力は犯罪

加害男性からなぜ"逃げられない"のか？ドメスティック・バイオレンスに苦しむ女性たちの悲劇の実態を多くの実例から明らかにする。

四六並製　192 頁　1980 円　　ISBN4-7948-0526-8

＊表示価格はすべて税込み価格です。